Erica Brealey

Se débarrasser de son stress

en 10 minutes par jour

• MARABOUT •

Publié pour la première fois au Royaume-Uni en 2002 sous le titre original
Ten Minute Stress Relief
par Cassell & Co,
Wellinton House, 125 Strand, London WC2R OBB
Textes © Erica Brealey 2002
Conception © Cassel & Co 2002
© 2002 Marabout pour l'adaptation française
Traduction : Philippe Baudouin avec la collaboration d'Isabelle de Jaham
Mise en page : Anne-Marie Le Fur

Toute reproduction d'un extrait quelconque de ce livre par quelque procédé que ce soit, notamment par photocopie ou microfilm, est interdite sans autorisation de l'éditeur.

Imprimé en Italie par Rotolito
ISBN : 2501-032828-2
Dépôt légal : 26105 - 09/2002 - Collection n° 11
Edition n° 01 - 40/3507/7

Avertissement
Si vous êtes enceinte, si l'exercice vous est déconseillé ou si vous avez le moindre doute quant à votre état de santé, consultez un médecin avant d'effectuer les exercices décrits dans cet ouvrage.

Sommaire

Introduction	6
Comprendre le stress	11
Résister au stress	21
Équilibrer sa vie	22
Le corps	24
L'esprit	32
Exercices de dix minutes	43
Habitudes matinales	44
Se déstresser au bureau	62
Savoir s'arrêter	74
Techniques rapides	84
En cas d'urgence	100
Se déconnecter du travail	108
Décompresser en douceur	116
Règles d'or pour rester calme	125
Index	126
Remerciements	128

introduction

Le bon moment pour se détendre, c'est quand on n'en a pas le temps.
Sydney Harris

Lorsque vous avez déjà atteint un haut niveau de stress : difficultés professionnelles, délais impossibles, enfants intenables, mauvaises relations avec votre entourage, le fait d'avoir à trouver le temps de vous relaxer accentue encore la pression. Mais personne n'est occupé au point de ne pouvoir se consacrer dix minutes. En fait, plus vous êtes débordé, plus vous avez besoin de temps pour vous déconnecter, vous détendre ou recharger vos batteries.

Pour vous libérer du stress, vous n'avez pas besoin de passer des heures à transpirer dans un gymnase ou à mariner dans un sauna, le corps couvert de cataplasmes d'algues... Si vous manquez de temps, les exercices compliqués et les traitements à long terme ne sont pas faits pour vous. Mais rassurez-vous : quelques minutes par jour suffisent à éliminer les effets négatifs du stress.

Le temps que vous consacrerez à une relaxation efficace vous permettra non seulement d'inverser les conséquences nocives d'un stress non traité, mais aussi de faire du stress un véritable allié. Le stress, s'il n'est pas maîtrisé, peut causer des ravages à votre santé, miner votre carrière, vos relations ou votre bien-être ; en revanche, s'il est maîtrisé, il peut devenir source d'énergie, de créativité et de plaisir.

Nous oublions trop souvent que le stress est une réaction parfaitement naturelle à une sollicitation ou une menace. Dans les moments de stress, notre corps libère un cocktail d'hormones qui active toutes nos alarmes et qui nous donne les moyens d'affronter l'événement en entreprenant l'action adéquate.

C'est lorsque le stress se prolonge et s'installe, lorsque ses hormones continuent à bombarder notre corps, qu'il devient dangereux pour notre équilibre physique et notre mental. Nous n'aimons pas, le plus souvent, reconnaître nos limites, pourtant, la prise de conscience que nous souffrons d'un excès de stress est le préalable qui peut nous permettre de le combattre.

Il y a deux grandes façons de gérer le stress : la première consiste à identifier les causes de celui-ci, à analyser les problèmes, à leur chercher une solution et à agir en conséquence. La seconde méthode demande de se concentrer sur soi-même plutôt que sur ses problèmes, en faisant appel à des techniques de relaxation quelles que soient les origines du stress. La majeure partie de cet ouvrage est consacrée à cette seconde technique, particulièrement utile pour combattre les difficultés résistantes.

COMMENT UTILISER CE LIVRE ?

Si vous êtes débordé, la meilleure façon d'évacuer le stress consiste à employer des techniques de relaxation rapides et efficaces qui vous permettront de vous dégager à volonté des situations stressantes. Ce guide vous propose des méthodes reconnues, élaborées afin de procurer un maximum de relaxation en un minimum de temps. Tous les exercices décrits ici peuvent être effectués en dix minutes. Certains demandent encore moins de temps, voire pas de temps du tout mais reposent sur un changement d'état d'esprit.

TECHNIQUES DE DÉCONTRACTION PHYSIQUE ET MENTALE

Conçu dans une optique holistique, *Se débarrasser de son stress en dix minutes par jour* regroupe des techniques de décontraction physique et mentale qui permettront à tous ceux qui les appliquent d'atténuer ou de maîtriser toutes sortes de stress. La première partie de l'ouvrage s'attache aux fondements du stress ; la deuxième aux principes de la relaxation holistique ; enfin, la troisième partie est composée d'exercices destinés à apaiser le corps et l'esprit, de méthodes visant à évacuer rapidement le stress, ainsi que de conseils ou de trucs pratiques qui permettent de garder son calme malgré les pressions.

UNE DÉMARCHE ÉQUILIBRÉE

Pour obtenir une réduction de stress optimale et tirer le meilleur parti physique et psychologique des exercices, vous devez associer de façon équilibrée les techniques de relaxation physique, mentale et psychologique. Procédez par étapes ; si vous en faites trop, vous risquez de vous essouffler et d'abandonner avant d'avoir atteint votre but. Commencez par l'exercice qui vous semble le plus approprié ou le plus séduisant, pratiquez-le une semaine ou deux, puis passez aux suivants. Au fil du temps, élargissez votre champ d'expériences et élaborez votre propre programme en regroupant les exercices selon les résultats obtenus.

UN PEU DE TEMPS SUFFIT

En consacrant dix minutes (ou mieux : deux ou trois fois dix minutes) par jour aux techniques de relaxation, vous pourrez non seulement réduire votre stress, mais aussi améliorer considérablement votre état de santé et votre qualité de vie. Plus vous pratiquerez, plus les difficultés s'aplaniront et mieux vous vous sentirez.

Bonne chance !

chapitre 1

comprendre
le stress

QU'EST-CE QUE LE STRESS ?

Le stress est une réaction physiologique aux pressions, notamment aux événements perçus comme des menaces ou impliquant une adaptation. Les horaires de travail croissants ainsi que le rythme et les changements imprimés à nos vies ont fait grimper nos niveaux de stress, entraînant une épidémie des maladies qui lui sont reliées. Le stress est aujourd'hui responsable de plus d'arrêts de travail que des maux aussi bénins que le rhume. De plus, le stress, comme le rhume, est contagieux ; quiconque vit ou travaille avec un sujet atteint doit lutter pour ne pas se laisser contaminer.

LES BIENFAITS DU STRESS

La mauvaise réputation attachée au stress fait oublier que celui-ci peut être aussi bien positif que négatif. Si votre vie s'écoule paisiblement, sans aucun stress cela veut probablement dire qu'elle est dépourvue de sollicitations ; soit la motivation vous fait défaut, soit vous ne tirez pas parti de vos dons ni de vos talents. Des doses de stress ponctuelles et modérées renforcent le système immunitaire en aidant à lutter contre les infections et mobilisent les ressources mentales.

LE MAUVAIS STRESS

Lorsque les exigences qui vous sont imposées dépassent votre capacité de réaction, vous subissez un excès de stress ; si celui-ci persiste et devient chronique, vous risquez la dépression mentale ou physique.

Sous l'effet d'un stress prolongé, le niveau des hormones contenues dans le corps s'élève durablement, ce qui affaiblit les défenses immunitaires et soumet le système cardio-vasculaire à une intense pression. La longue liste des affections liées au stress est bien connue.

LES MALADIES LIÉES AU STRESS

Les statistiques révèlent que les gens fortement stressés dans le cadre de leur travail sont deux fois plus exposés que les autres aux risques cardiaques et coronaires. En outre, le stress chronique peut provoquer chez les sujets atteints hypertension, migraines et insomnies. Il joue également un rôle majeur dans l'apparition de différentes maladies, comme le cancer, l'arthrite et les troubles respiratoires. Il est aussi associé à des désordres émotionnels et psychologiques, tels l'anxiété, les attaques de panique, le manque de concentration, les pertes de mémoire et la dépression. Enfin, il faut savoir que le stress des parents a des répercussions sur le comportement des enfants, voire sur celui d'un enfant encore à naître.

COMMENT ROMPRE LE CERCLE VICIEUX ?

Pour gérer votre stress, vous devez d'abord savoir quel niveau de stress convient à votre vie. Vous devez ensuite vous donner les moyens de vous dégager d'une situation stressante afin de vous détendre et de récupérer votre énergie.

> Le stress est contagieux, quiconque vit ou travaille avec un sujet atteint pourra vous le confirmer.

COURBE DU RAPPORT STRESS/PERFORMANCES

Le stress n'est pas que négatif. S'il est bien dosé, il libère la créativité, donne du piment à la vie et accentue les performances. La découverte de l'équilibre qui vous convient vous permettra de réaliser votre potentiel, de parvenir à l'accomplissement et de progresser. Mais il faut savoir que dans un contexte de stress, les performances n'augmentent que jusqu'à un certain point. Au-delà, elles se mettent à stagner, puis, si la tension persiste, à décliner. Si la pression continue à augmenter, les premiers signaux d'alarme (voir p. 18-19) peuvent annoncer un état de surcharge. Ceux qui s'acharnent à ne pas tenir compte de l'épuisement et des autres symptômes dus à un stress intense et permanent, risquent de sombrer dans l'asthénie et la dépression physique ou mentale.

La courbe ci-dessous indique la réaction normale au stress et l'influence de celui-ci sur les performances :

- **Stress insuffisant** : le manque de sollicitations entraîne l'ennui, une baisse de la productivité et un défaut d'accomplissement individuel. Ces phénomènes favorisent la perte de l'estime de soi et donnent le sentiment que la vie n'a pas grand sens.
- **Stress optimal** : une bonne quantité de stress permet de saisir les occasions, d'accepter les défis et de repousser ses limites. On règle les problèmes dans la foulée et l'on prend plaisir à travailler ou à s'acquitter convenablement de ses tâches.
- **Stress excessif** : malgré l'épuisement physique ou mental, on se force à aller de l'avant, mais les résultats diminuent. À force de repousser ses limites, on suscite une surchauffe et il n'est plus possible de se déconnecter ou de se détendre.
- **Asthénie** : les signaux d'alarme (voir p. 18-19) liés à l'excès de stress se font insistants. À vouloir les ignorer, on s'expose à la dépression physique ou mentale et à voir ses performances devenir, au mieux, irrégulières.

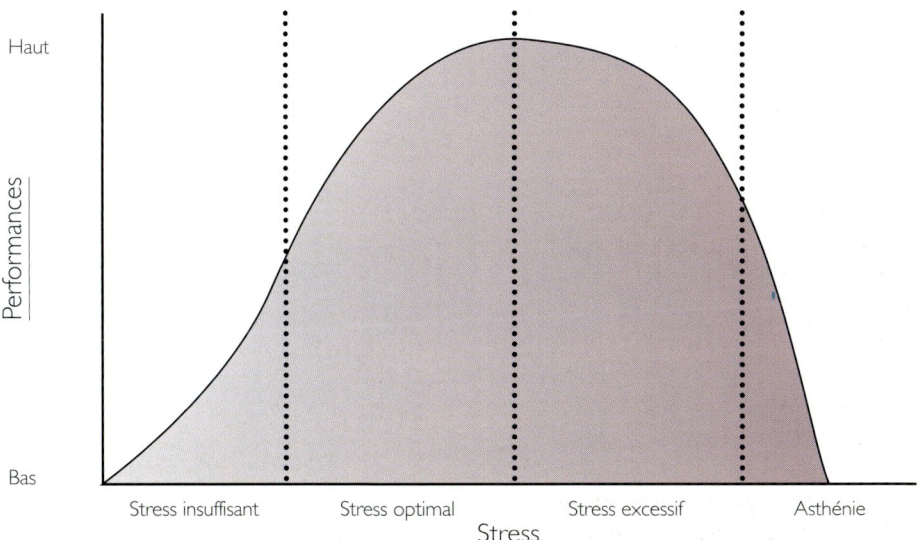

LE COMBAT OU LA FUITE

L'identification d'une situation stressante varie énormément d'un individu à l'autre, mais notre corps réagit de la même façon à un événement que nous percevons comme une menace physique, mentale ou émotionnelle, voire comme une simple sollicitation. Par son action sur une région du cerveau appelée « hypothalamus », le stress déclenche toute une série de phénomènes biochimiques qui provoquent une décharge d'adrénaline, de noradrénaline, puis de cortisol dans l'organisme. En une fraction de seconde, ces hormones se ruent dans le système sanguin, envahissent le corps, atteignent tous les organes et activent l'ensemble des cellules.

LES EFFETS SUR L'ORGANISME

Le corps commence alors à se comporter différemment. Le foie libère du sucre et des acides gras dans le sang pour accroître l'énergie. La respiration s'accélère, augmentant ainsi la quantité d'oxygène présente dans l'organisme. Le cœur bat plus vite et la pression sanguine s'élève, ce qui facilite l'irrigation du cerveau (donc l'élaboration de la pensée et la prise de décisions) et des muscles (donc le recours à l'action). La bouche s'assèche car le sang se reporte sur les organes qui en ont le plus besoin ; nous nous mettons à transpirer, comme à chaque fois que notre température doit baisser. Nous voilà prêts à l'action : au combat ou, si nos chances nous paraissent trop minces, à la fuite.

LE RETOUR À L'ÉQUILIBRE

Si, comme il se doit, la réaction au stress donne lieu à une activité physique, l'énergie libérée dans l'organisme par les hormones du stress est brûlée, le corps se détend et recouvre son équilibre naturel. Cette réponse primaire est commune à tous les mammifères confrontés à une situation de menace potentielle ou à l'apparition subite d'un prédateur. Le chien ou le chat réveillés par un bruit se lèvent d'un bond et hérissent leurs poils ; ils évaluent aussitôt la situation et se préparent au combat ou à la fuite. Si la menace ne se concrétise pas, ils s'apaisent et se recouchent. Dans les deux cas, les hormones du stress sont métabolisées.

L'ÊTRE HUMAIN DÉSAVANTAGÉ PAR RAPPORT À L'ANIMAL

Dès que le danger a disparu, les animaux cessent de penser aux situations perturbantes ; aussi les événements inducteurs de stress qu'ils rencontrent sont-ils suivis de périodes de récupération. Leur calme extérieur reflète alors leur calme intérieur. Dotés d'un mental extrêmement développé, les êtres humains sont enclins à ressasser leurs sujets d'inquiétude et de déstabilisation. Cette incapacité à se déconnecter de ce qui élève les niveaux de stress débouche sur la prolongation ou l'installation de cet état.

LES DANGERS DE L'INSTALLATION DU STRESS

La réaction dite « du combat ou de la fuite », qui permet de faire face aux situations d'urgence, a évolué pendant des millions d'années. Elle convenait parfaitement aux premiers hommes, dont la survie dépendait de leur aptitude à lutter ou à s'échapper. Elle nous est encore indispensable. Mais, de tous les stress auxquels nous sommes soumis, seul un faible nombre implique l'une ou l'autre de ces options. Si le stress se prolonge sans qu'il y ait de réaction libératrice, le corps imprégné d'un excès d'adrénaline et de cortisol reste sur le qui-vive ; l'énergie inemployée cause alors de nombreux dégâts à l'organisme et à l'équilibre mental.

QUEL EST VOTRE TYPE ?

Des événements tels que la perte d'un être cher, un divorce, un licenciement ou des difficultés financières graves constituent indéniablement des traumatismes et des facteurs de stress considérables. Toutefois, le mode de réaction à ces situations diffère énormément d'un individu à l'autre. Cette disparité est en partie due au fait que les répercussions des phénomènes stressants varient selon les talents naturels et l'expérience de ceux qui en font les frais. Ce ne sont pas tant les événements en eux-mêmes qui engendrent le stress ; c'est la façon dont on les perçoit.

LES PERSONNALITÉS DE TYPE A

Certaines personnalités, dites « de type A », sont plus exposées que d'autres à de hauts niveaux de stress et aux maladies qui leur sont associées. Impatients, compétitifs et agressifs, ces individus impriment à leur vie un rythme frénétique et attendent de leur entourage qu'il fasse de même. La plupart du temps, ils ont tendance à fonctionner sur le mode de la crise. Ils sont toujours pressés : ils parlent vite, marchent vite, mangent vite et ne supportent pas d'attendre un bus. Ils évitent les tâches répétitives et ne supportent pas de rester assis à ne rien faire. Ils s'irritent d'une broutille et se montrent extrêmement critiques vis-à-vis d'autrui, tout en étant hypersensibles aux critiques dont ils font eux-mêmes l'objet. Impatients envers ceux qui sont moins habiles qu'eux, ils tolèrent difficilement leurs erreurs. En bref, les personnalités de type A sont en grande partie responsables de leur propre stress. Elles ont plus de risques de faire une crise cardiaque que les personnalités de type B, décrites ci-après. Elles sont également plus sujettes aux cancers, aux migraines et aux autres affections.

LES PERSONNALITÉS DE TYPE B

Les personnalités de type B, en revanche, sont plus détendues. Elles abordent la vie avec philosophie et prennent les choses comme elles viennent, l'une après l'autre, sans courir après le temps. Elles travaillent dans le calme mais ne manquent pas pour autant d'ambition. Le travail n'est pas leur priorité car elles ont de nombreux centres d'intérêt et violons d'Ingres. Elles sont détendues, confiantes et d'un commerce agréable.

> Ce ne sont pas tant les événements en eux-mêmes qui engendrent le stress, c'est la façon dont on les perçoit.

LE JUSTE MILIEU

La plupart des gens se situent entre ces deux extrêmes. Ni tout à fait l'un, ni tout à fait l'autre, ils tendent vers le type A ou le type B, ou incarnent l'union harmonieuse des deux. Dans notre culture de la performance et de l'action, le comportement de type A est de plus en plus fréquent, tout comme les troubles liés au stress. Si vous vous reconnaissez dans la description des personnalités de type A, ne vous désespérez pas. La mise en œuvre des techniques décrites dans le guide vous aidera à modifier vos schémas comportementaux destructeurs et à améliorer vos chances d'atteindre un âge avancé dans de bonnes conditions physiques.

DÉFINISSEZ-VOUS

Les paires d'affirmations suivantes illustrent des schémas comportementaux extrêmes de type A et de type B. À chaque réponse, choisissez le chiffre le plus approprié dans l'échelle de 1 à 7.

Quand vous attendez quelqu'un avec qui vous avez rendez-vous ou le serveur du restaurant, vous vous calez dans votre siège et vous vous détendez.	1 2 3 4 5 6 7	Attendre vous met les nerfs en pelote et tout retard accentue votre impatience.
Vous vous adonnez aux sports ou aux jeux de société pour le plaisir ; pour vous, il est moins important de gagner que de participer.	1 2 3 4 5 6 7	Vous jouez toujours pour gagner, même contre des enfants.
Vous avez le sens de l'écoute et attendez toujours que votre interlocuteur ait fini sa phrase.	1 2 3 4 5 6 7	Vous ne supportez pas d'attendre pour vous exprimer ; vous coupez souvent la parole aux autres ou vous finissez leurs phrases.
Vous n'êtes jamais pressé, même pendant un coup de feu ou lorsque vous êtes sous pression.	1 2 3 4 5 6 7	Vous êtes toujours pris par le temps et impatient de passer à autre chose.
Vous avez quantité de sujets d'intérêt et de passe-temps hors du travail.	1 2 3 4 5 6 7	Le travail tient une place capitale dans votre vie et déborde souvent sur vos loisirs.
Vous menez une vie sociale équilibrée ; vous entretenez des contacts réguliers avec un grand cercle d'amis et de parents.	1 2 3 4 5 6 7	Votre vie sociale est centrée sur les collègues de travail.
Vous êtes content de votre travail et de votre situation dans la hiérarchie.	1 2 3 4 5 6 7	Vous êtes très ambitieux, toujours en quête d'une promotion et d'une progression rapides.
Au volant, vous êtes courtois et attentif ; vous cédez toujours le passage aux autres véhicules et aux piétons. Vous n'insultez jamais les autres conducteurs.	1 2 3 4 5 6 7	Au volant, vous êtes agressif, impatient vis-à-vis des autres conducteurs et soucieux de les dépasser, quitte à prendre des risques.

Votre travail est récompensé par la satisfaction et la sensation d'accomplissement que vous en tirez.	1 2 3 4 5 6 7	Vous avez soif de reconnaissance et attendez qu'on vous félicite pour un travail bien fait.
Vous mangez lentement et mettez un point d'honneur à savourer chaque bouchée.	1 2 3 4 5 6 7	Vous mangez rapidement et avez fini votre assiette alors que les autres en sont encore à la moitié.
Vous respectez autrui en tant que sujet, non en tant qu'objet, et ne jugez personne sur sa fonction, son patrimoine ou l'épaisseur de son compte en banque.	1 2 3 4 5 6 7	Vous estimez votre valeur et celle des autres en les quantifiant : combien gagnent-ils ? Qu'ont-ils réussi dans leur vie ?
Vous êtes en prise directe avec vos sentiments et vous les exprimez de façon appropriée.	1 2 3 4 5 6 7	Vous réprimez vos sentiments, mais ceux-ci s'expriment à travers vos colères ou vos critiques.

DE 66 À 84 : TYPE A ABSOLU

Vous aimez la compétition et cherchez à tout contrôler, vous vivez à 200 à l'heure. Inconscient du degré de tension que vous vous imposez, vous ne faites quasiment rien pour l'atténuer. Si vous ne ralentissez pas ce rythme trépidant, vous risquez la crise cardiaque ou d'autres troubles associés au stress.

DE 48 À 65 : TYPE A MODÉRÉ

Vous êtes énergique et actif. Vous avez besoin d'avoir le sentiment de diriger votre vie et son déroulement. Surveillez-vous et prenez garde à ne pas dépasser vos limites. Pensez à vous arrêter régulièrement pour souffler et vous détendre.

DE 36 À 47 : TYPE HARMONIEUX AB

Vous aimez les défis, mais menez une vie équilibrée, sans laisser la pression dominer votre existence. Veillez que le comportement de type A ne prenne le pas sur le comportement de type B dès que l'occasion s'en présentera ou que vos ambitions s'étofferont.

DE 18 À 35 : TYPE B MODÉRÉ

Votre conception de la vie est détendue et saine. Vous aimez prendre votre temps, vous fuyez la compétition et les rapports de force. Il y a peu de risques que vous souffriez de maladies liées au stress.

DE 12 À 17 : TYPE B ABSOLU

Vous êtes si paisible que vous savez à peine ce qu'est le stress. Vous êtes contemplatif ; vous pouvez regarder des pigeons picorer du pain pendant des heures. Il n'y a aucun risque que vous soyez victime d'une affection associée.

SIGNAUX D'ALARME

Le stress est une maladie qui a tendance à s'installer insidieusement. D'ordinaire, le stress croît à notre insu. Nous ne pouvons ou ne voulons pas voir les signaux d'alarme que notre organisme et notre esprit surmenés nous envoient. Beaucoup d'entre nous attendent d'avoir atteint le point de rupture pour réagir.

Fatigue, irritabilité, maux de tête, réveils nocturnes suivis de pensées liées aux problèmes qui nous préoccupent indiquent que nous sommes surmenés. Pourtant, nous avons tendance à négliger ces symptômes et à nous contenter d'avaler quelques antalgiques dans l'espoir qu'ils régleront le problème. Si nous ne tenons pas compte du stress quand il est encore tout à fait gérable, il se renforce jusqu'à ce qu'il nous mène au point de rupture. En apprenant à repérer les signes de stress quand celui-ci commence à nous envahir, nous pouvons agir pour l'atténuer avant qu'il ne se transforme en grave problème.

SIGNAUX PRÉCOCES

Les premiers signes révélant que vous êtes dépassé par les événements et trop tendu sont les suivants :

> Lorsque le stress commence à nous envahir, nous avons tendance à l'ignorer.

- irritabilité, impatience, énervement, crispation, agressivité vis-à-vis des autres, tendance à les rendre responsables de votre mauvaise humeur ;
- hypersensibilité, susceptibilité injustifiée, propension à voir les choses en noir ;
- fatigue liée à une impossibilité de dormir, sommeil de mauvaise qualité et non réparateur ;
- changement d'habitudes alimentaires, consommation trop forte ou trop faible, remplacement des vrais repas et des en-cas sains par des plats de restauration rapide et du chocolat ;
- recours accru à l'alcool, au tabac ou à d'autres drogues ;
- nausées, maux d'estomac, diarrhées ou constipation ;
- tics nerveux et gestes incontrôlés (se ronger les ongles, se gratter, taper du pied).

SYMPTÔMES MENTAUX

- manque de concentration ou d'attention, oublis ;
- incapacité à penser avec clarté, difficulté à prendre des décisions simples ;
- perte de perspectives, obsession du détail ;
- sentiment persistant d'être pris par le temps ;
- épuisement mental, apathie.

SYMPTÔMES ÉMOTIONNELS

- anxiété accrue, attaques de panique ;
- perte de l'estime de soi ;
- dépression et négativisme,
- sentiments d'hostilité et de rancœur ;
- versatilité, tendance à pleurer ;
- manque d'humour ;
- cauchemars.

Les symptômes qui indiquent l'apparition du stress sont de plusieurs ordres : mentaux, émotionnels, physiques et comportementaux.

SYMPTÔMES COMPORTEMENTAUX

- coups de colère et agressions ;
- logorrhée, fréquentes interruptions d'autrui ;
- gestes nerveux : se ronger les ongles, se tirer les cheveux, pianoter, taper du pied ;
- intoxication par le travail, absentéisme ;
- retrait social ;
- apparence négligée, manque d'hygiène ;
- comportements compulsifs ou obsessionnels (vérifier et revérifier si l'on a bien fermé la porte, se laver sans cesse les mains).

SYMPTÔMES PHYSIQUES

- tension et fatigue musculaires ;
- mal à la tête, aux épaules, au cou et au dos ;
- fatigue oculaire, tressaillement musculaire au coin de l'œil ;
- bouche sèche, mâchoires serrées ;
- mains moites, doigts froids ;
- indigestions, brûlures d'estomac ;
- mictions fréquentes, infections urinaires ;
- essoufflement, respiration irrégulière, hyperventilation ;
- palpitations ;
- migraines et rhumes fréquents ;
- perte ou prise de poids ;
- impuissance, perte de libido.

En apprenant à reconnaître les premiers symptômes du stress, vous pouvez arrêter l'engrenage qui conduit à l'installation de celui-ci.

chapitre 2

résister
au stress

équilibrer sa vie

Les moyens techniques de plus en plus complexes et le développement d'Internet permettent de travailler n'importe quand et n'importe où. Ces progrès ont rendu plus difficile le maintien du juste équilibre entre vie professionnelle et vie privée. Beaucoup de personnes sont devenues des intoxiqués du travail et consacrent tout leur temps à s'élever dans la hiérarchie de l'entreprise aux dépens de leurs collègues, de leur famille, de leurs amis ou de leur santé.

Si vous vous reconnaissez dans ce portrait, il est fort possible que la réalisation de vos ambitions les plus chères, vous laisse bizarrement malheureux et insatisfait. Au lieu de vous reposer et de jouir du fruit de leur labeur, vous vous sentez pris dans une spirale infernale d'engagements et d'objectifs.

Votre vie est déséquilibrée, vous finissez par souffrir d'un stress aigu et courez le risque d'être atteint d'une dépression mentale ou physique.

Pour résister au stress, il est indispensable d'avoir une vie équilibrée. En réservant un espace aux relations, aux centres d'intérêt et aux plaisirs, parallèlement à l'espace dédié au travail, vous vous protégez du stress ainsi que des vicissitudes de l'existence. Vous vous sentirez plus fort et serez mieux armé pour affronter des journées souvent trop remplies. Aussi essentielle à la santé qu'un régime alimentaire harmonieux, une vie équilibrée permet d'éviter les effets nuisibles du stress. Faites donc le point régulièrement et redressez la barre si l'équilibre entre vos différents pôles d'intérêt est rompu.

le corps

Nous perdons souvent contact avec notre corps, que nous traitons à peine mieux qu'une machine obéissante et fonctionnelle. Pour bon nombre d'entre nous, le corps n'est qu'un moyen de se déplacer, d'attirer un partenaire ou de travailler sur un ordinateur, et l'esprit est roi. Pourtant, nous dépendons de notre corps et il est vital d'écouter les messages qu'il nous envoie. Les intuitions qui traversent notre esprit, les pressentiments, les intérêts subits, les sentiments profonds qui se traduisent par une lassitude face à une situation donnée se manifestent d'abord par des sensations physiques. En prêtant l'oreille à cette intelligence interne, nous pourrons identifier les besoins de notre corps pour mieux les combler, et détecter les signes de tension pour mieux tenir le stress à distance.

BIEN S'ALIMENTER

« Dis-moi ce que tu manges, je te dirai qui tu es » ; les habitudes alimentaires, les goûts et les dégoûts, les façons de manger sont autant de renseignements sur la relation que nous entretenons avec notre corps et sur notre niveau de stress. Notre organisme a besoin d'apports quotidiens réguliers mais lorsque le stress s'installe, de mauvaises habitudes alimentaires tendent à remplacer les bonnes, renforçant encore le sentiment de malaise et de fatigue.

Lorsque nous sommes détendus et en harmonie avec notre corps, nous écoutons les messages de celui-ci et répondons de façon adéquate aux signaux de faim ou de satiété. Ce comportement sain nous permet de consommer spontanément et naturellement la bonne quantité d'aliments et de choisir un mélange équilibré de produits qui contiennent les nutriments nécessaires à l'organisme. Les apports quotidiens de protéines, glucides, lipides, vitamines et sels minéraux permettent à notre corps de bien fonctionner ; l'équilibre alimentaire a des influences positives sur notre comportement et notre moral.

LES MAUVAISES HABITUDES ALIMENTAIRES LIÉES AU STRESS

Le stress suscite de mauvaises habitudes alimentaires. Les individus stressés, notamment ceux du type A, mangent souvent sur le pouce ou machinalement tout en faisant autre chose. Ils avalent plus qu'ils ne mangent des plats vite préparés, souvent trop riches en sucres et en graisses. Lorsqu'ils prennent le temps de s'asseoir à table, ils ont fini leur assiette alors que les autres n'en sont qu'à la moitié. Ce soudain afflux de nourriture, renforcé par le fait que de hauts niveaux de stress ralentissent l'assimilation des aliments, provoque des indigestions et des troubles associés telles la diarrhée ou la constipation.

SURALIMENTATION OU SOUS-ALIMENTATION

Le comportement des individus stressés se caractérise souvent par une hyperphagie ou une boulimie. Ils se mettent à consommer de trop grandes quantités de nourriture, soit parce que celle-ci leur apparaît comme une source de réconfort dans les moments de stress ou de dépression, soit parce qu'ils ne tiennent pas compte des signaux de satiété de leur corps. Inversement, on peut, lorsqu'on est stressé, ignorer les signaux de faim, ne pas manger assez ou manger irrégulièrement, en se contentant d'« alimenter » son organisme en caféine, en nicotine ou en alcool. À force de rester sourd aux signaux de satiété ou de faim, l'organisme finit par se détraquer.

LE RETOUR À L'ÉQUILIBRE

Heureusement, notre corps est magnanime. Si nous régulons consciemment notre alimentation, si nous contrôlons notre façon de manger, si nous respectons notre corps et si nous l'écoutons, son intelligence naturelle et son désir instinctif des nutriments qui lui sont nécessaires s'exprimeront à nouveau d'eux-mêmes.

PRINCIPES D'UNE BONNE ALIMENTATION

• Asseyez-vous et faites trois repas par jour (ou cinq petits repas si vous préférez). Ne passez pas plus de six ou sept heures de veille sans manger et laissez s'écouler deux ou trois heures entre les repas. Vous permettrez ainsi à votre corps de se reposer et de digérer ; en outre, vous vous laisserez le temps de ressentir la faim.

• N'avalez pas le contenu de votre assiette. Prenez votre temps, détendez-vous et savourez vos aliments. En mangeant lentement, en prenant de petites bouchées et en les mâchant bien, vous éprouverez plus de plaisir et éviterez de manger trop.

• Veillez à faire des repas équilibrés et variés, comprenant chaque jour au moins cinq portions de fruits frais ou de légumes crus ou légèrement cuits, qui vous procureront les vitamines et les minéraux essentiels ; trois ou quatre portions d'hydrates de carbone comme les pommes de terre, le riz, les haricots secs, les pâtes ou le pain (de préférence complet) ; une ou deux portions de protéines comme le poisson (deux ou trois portions de poissons gras — saumon, thon ou sardines — par semaine), la viande, le fromage, les œufs, le tofu, les haricots secs et les noix ; une quantité modérée de graisse, la meilleure source étant l'huile végétale (d'olive) et les graisses de poissons (voir plus haut).

• Cessez de consommer ou consommez en moindre quantité les aliments gras et les en-cas sucrés. Si vous avez un petit creux, rabattez-vous sur les pommes ou les légumes crus comme le céleri et les carottes.

• Consommez de l'alcool avec modération et évitez les soirées systématiquement trop arrosées de fin de semaine. Si un ou deux verres de vin rouge préviennent les maladies cardiaques, une quantité supérieure peut provoquer des troubles hépatiques et rénaux. Pour une femme, le nombre maximal de verres hebdomadaires conseillé est de quatorze. Pour un homme, il est de vingt et un. Ces verres sont à répartir sur l'ensemble de la semaine.

• Limitez-vous à deux ou trois tasses de café, ou à cinq ou six tasses de thé par jour. Une bonne tasse de thé vous aidera à vous détendre ; ce breuvage est aussi une bonne source d'antioxydants, qui préviennent les maladies cardiaques et certains cancers. La caféine, présente dans le thé, le café et la cola, donne un coup de fouet en stimulant le système nerveux central, ce qui aiguise l'attention ; mais elle peut aussi augmenter le niveau de stress et vous énerver, surtout si vous l'absorbez en fin d'après-midi. Si vous êtes sensible à la caféine, supprimez thé et café.

• Buvez beaucoup d'eau, au moins huit verres par jour, voire plus si vous vivez ou travaillez dans un milieu équipé du chauffage central ou climatisé. L'eau élimine les impuretés et les toxines, tout en hydratant et en assainissant le corps, la peau et les cheveux. Enfin, elle aide à digérer.

• Faites-vous un petit plaisir de temps en temps.

• Ne vous stressez pas à propos de ce que vous mangez ou pas !

AMÉLIORER SA POSTURE

La posture, c'est-à-dire la façon dont on se tient, a une incidence directe sur la silhouette, bien sûr, mais aussi sur la façon d'être et sur l'image que l'on donne de soi. Une mauvaise posture est à l'origine d'un mauvais alignement corporel et celui-ci peut menacer l'équilibre d'une personne, de même que de mauvaises fondations ont des répercussions sur la stabilité d'un édifice.

L'un des plus grands services que vous puissiez vous rendre, c'est d'arrêter de vous avachir pour vous tenir droit, marcher la tête haute et vous asseoir correctement. Un bon maintien :
- dégage les voies respiratoires, ce qui permet de respirer librement et profondément (c'est fondamental pour évacuer le stress) ;
- élève les niveaux d'énergie et la vitalité ;
- assure un bon équilibre de la tête, ce qui rend plus léger et plus décontracté ;
- vous donne l'apparence d'être plus confiant et vous apporte de l'assurance ;
- vous fait paraître plus jeune, plus mince et en meilleure forme.

MAL DE DOS, MAL DU SIÈCLE

Malheureusement, trop peu de gens pensent à leur façon de s'asseoir ou de se tenir debout, jusqu'à ce que de graves douleurs au dos, aux épaules et au cou les rappellent à l'ordre. En Occident, le mal de dos se propage de plus en plus ; il est, après le rhume, la deuxième cause d'absentéisme au travail. Le mal de dos est en grande partie dû à une mauvaise position. Une vie sédentaire, de longues heures passées penché sur un clavier ou enfoncé dans un siège de voiture et un canapé entraînent une tension, une raideur, un stress et souvent des dommages irréversibles de la colonne vertébrale. Rester avachi abaisse également les niveaux d'énergie et donne une vision négative de l'existence.

AMÉLIORER SES POSITIONS

Faites échec au mal de dos avant son apparition ! Inversez les effets de vos mauvaises habitudes en prenant conscience de votre maintien et en apprenant à vous asseoir, à vous tenir debout et à bouger correctement (voir p. 62 et 102). Adoptez les positions assises conseillées pour la méditation (voir p. 36) et pratiquez certains exercices tels que les salutations au soleil (voir p. 48).

FAIRE DE L'EXERCICE

L'exercice physique est un de nos meilleurs alliés pour combattre le stress. Il suffit de voir comme les enfants ont besoin de se dépenser physiquement dans la journée pour se sentir bien pour prendre conscience des bienfaits du sport sur le corps et l'esprit. Pourtant, il semble que la majorité des adultes ait oublié cette vérité première ; le monde se partage ainsi entre les sportifs qui connaissent les bienfaits de l'activité physique et les autres pour qui l'esprit est roi et qui négligent leur corps.

> L'exercice régulier permet de mieux dormir, d'augmenter l'énergie, de se sentir et d'avoir l'air en pleine forme.

Faire régulièrement de l'exercice est capital pour conserver une bonne forme physique et mentale tout en neutralisant le stress. Cette hygiène de vie minimise les risques d'attaque cardiaque, aide à prévenir l'ostéoporose et peut retarder l'apparition de la maladie d'Alzheimer. L'exercice physique permet de dormir mieux, d'augmenter son énergie et son estime de soi, de se sentir et d'avoir l'air en pleine forme. Alors, pourquoi la grande majorité des gens fait-elle si peu de sport ?

LE MANQUE DE TEMPS N'EST PLUS UNE EXCUSE

Le manque de temps est la principale raison invoquée pour justifier l'absence d'activité physique. Pourtant, il n'est pas utile de consacrer de longues heures à la pratique sportive pour en retirer des bénéfices.

Naguère, les spécialistes recommandaient aux adultes de pratiquer l'aérobic ou de suer sang et eau pendant au moins une demi-heure et au moins trois fois par semaine. Des études récentes ont contredit ces affirmations. Aujourd'hui, les spécialistes conseillent d'avoir une activité physique modérée pendant vingt à trente minutes presque tous les jours. Rassurez-vous si vous faites partie des gens débordés ! Vous n'êtes pas obligé de dégager trente minutes d'affilée sur votre agenda pour vous sentir bien : deux ou trois séances de dix minutes permettent d'obtenir des résultats très satisfaisants.

> Il est conseillé d'avoir entre vingt et trente minutes d'activité physique modérée presque tous les jours.

LA MODÉRATION EST GAGE DE PERSÉVÉRANCE

Une séance de dix minutes est idéale si l'on est pressé (ou peu porté sur l'effort) et si l'on n'est pas habitué à l'exercice. L'expérience prouve qu'on a plus de chances de respecter un programme si l'on n'essaie pas d'en faire trop et trop tôt. Le plus dur, c'est de s'y mettre ; mais il faut se souvenir que toute activité a son importance. En incorporant des exercices simples à la vie quotidienne, on tire autant de bénéfices qu'en fréquentant un gymnase. Si l'on bâille d'ennui ou si l'on se sent comateux après quelques minutes, mieux vaut résister à la tentation de fuir et mobiliser l'esprit tout autant que le corps. Les mouvements lents et maîtrisés du tai-chi et surtout du yoga, le premier de tous les exercices, répondent à ce double objectif. Faites dix minutes d'étirements à la maison en regardant votre émission préférée à la télévision ou travaillez à partir d'une vidéo. Sinon, mettez de la musique de danse et bougez en rythme.

LA MARCHE, ALLIÉE DU BIEN-ÊTRE

La marche est une des meilleures formes d'exercice ; c'est aussi la plus facile à caser dans un emploi du temps surchargé. Dès que vous avez moins d'un kilomètre à parcourir, prenez l'habitude de laisser votre voiture au garage pour marcher ou faire de la bicyclette.

Descendez du bus ou du métro deux ou trois stations avant votre arrêt habituel et n'empruntez plus les ascenseurs.

Descendez de l'autobus, du train ou du taxi un kilomètre ou deux avant d'arriver au bureau ou chez vous et marchez dix minutes d'un bon pas. Trois heures de marche par semaine (soit moins d'une demi-heure par jour, divisible en trois fois dix minutes) soulagent du stress et réduisent le risque de maladie cardiaque de quarante pour cent.

Si vous n'arrivez pas à dégager suffisamment de temps dans une journée, vous pouvez faire deux ou trois sessions de dix minutes par jour.

LES ACTIVITÉS AÉROBIQUES

Dans l'absolu, on devrait pouvoir associer une activité aérobique (la natation, la course à pied ou la marche rapide), qui favorise l'élimination et augmente la puissance cardiaque, à des exercices d'étirement, qui entretiennent et accentuent la souplesse, ainsi qu'à des pratiques dites « de portage de poids » (la marche ou le jogging), qui sollicitent et renforcent les muscles. Bon nombre d'exercices décrits plus loin, comme les salutations au soleil (p. 48), réunissent ces trois éléments.

DORMIR SUFFISAMMENT

LE RYTHME TRÉPIDANT DE LA VIE MODERNE ILLUSTRE CERTAINS DICTONS COMME « LE MONDE APPARTIENT À CEUX QUI SE LÈVENT TÔT » OU « LE SOMMEIL EST UNE PERTE DE TEMPS ». POURTANT, LA MÉCONNAISSANCE ET LE NON-RESPECT DES RYTHMES DE SOMMEIL ET DES BESOINS DE SOMMEIL ONT DES CONSÉQUENCES TRÈS IMPORTANTES SUR NOTRE SANTÉ, NOTRE ÉQUILIBRE PSYCHIQUE ET NOTRE NIVEAU DE STRESS. POUR MENER À BIEN LES MULTIPLES TÂCHES QUI REMPLISSENT LES JOURNÉES DE L'HOMME ET DE LA FEMME MODERNE, IL EST CAPITAL DE LAISSER LE TEMPS À L'ORGANISME DE RÉCUPÉRER. LE SOMMEIL DOIT ÊTRE RESPECTÉ ET CONSIDÉRÉ COMME UNE ACTIVITÉ NOBLE.

Il n'y a pas si longtemps, certaines personnes se flattaient de dormir moins de cinq heures par nuit. Les vrais battants se reconnaissaient au fait qu'ils brûlaient la vie par les deux bouts, passaient leurs nuits dans les night-clubs et prenaient le petit déjeuner à l'aurore avec leurs clients. La santé défaillante, le vieillissement précoce, la dépression, le stress et l'apathie ont eu raison des victimes d'un manque chronique de sommeil.

LE SOMMEIL, REMÈDE UNIVERSEL ?

Les spécialistes ont redonné au sommeil sa juste place de grand guérisseur naturel. Les longues nuits de sommeil réparateur et ininterrompu sont désormais revendiquées par ceux qui cherchent à être dynamiques et créatifs. Bien dormir est une des meilleures façons de vivre sa vie pleinement.

DÉTERMINER SON BESOIN DE SOMMEIL

Vous devez appliquer quelques conseils pour vous assurer une bonne nuit. Avant tout, vous devez déterminer la quantité de sommeil dont vous avez besoin pour fonctionner à plein régime. Si les besoins de sommeil varient d'un individu à l'autre, il faut savoir que huit heures de sommeil profond sont généralement le gage d'une journée réussie. Si vous vous réveillez spontanément, régulièrement et avec une sensation de fraîcheur après une nuit plus courte, c'est que vos besoins sont inférieurs. S'il vous faut un réveille-matin, si vous vous sentez mal ou si vous êtes encore fatigué après ces huit heures, c'est que vous avez besoin de plus de sommeil.

RESPECTER SON HORLOGE INTERNE

Évitez toutefois de compenser pendant le week-end le manque de sommeil de la semaine. En effet, une ou deux heures de sommeil en moins chaque jour ne se rattrapent pas par une ou deux siestes, sauf si vous avez l'intention de passer le week-end au lit. Mais dans ce cas, vous déréglerez votre horloge interne. De plus, lorsque vous vous réveillerez, vous vous sentirez assommé et léthargique, vous souffrirez de maux de tête et vous aurez besoin d'au moins trois tasses de café serré pour redémarrer. La meilleure façon de se détendre et de se sentir bien, c'est de prendre de bonnes habitudes de sommeil, de se coucher et de se lever à heures fixes et de dormir suffisamment dans l'intervalle.

MÉDITATION ET RELAXATION

Si vous avez du mal à vous endormir (plus de vingt minutes) ou si vous vous réveillez en pleine nuit en pensant à vos soucis, recourez à la méditation pour vous déconnecter du travail et prenez le temps de décompresser avant de vous coucher (voir p. 112).

DIX CONSEILS POUR PASSER DE MEILLEURES NUITS

• Créez un décor reposant dans votre chambre. Faites-en un lieu sans outil de travail ni télévision et rangez le désordre. Rendez-la aussi sombre et calme que possible, et faites en sorte qu'elle ne soit ni trop chaude, ni trop froide (de 16 à 18 degrés).
• Évitez les siestes.
• Veillez à avoir un matelas confortable et résistant, ainsi qu'un bon support pour la tête. Des oreillers en excès ou trop peu épais provoquent une tension du cou et des migraines.
• Avant de vous coucher, relaxez-vous en lisant, en écoutant de la musique, en méditant ou en pratiquant au moins une des techniques de décontraction décrites de la page 116 à la page 123. Préparez votre corps au sommeil en transformant ces exercices en rituel d'endormissement.
• Au dîner, préférez les aliments riches en hydrates de carbone (pommes de terre, pâtes ou céréales) et évitez de manger juste avant d'aller dormir. Prenez votre dernier repas au moins deux heures avant le coucher.
• La caféine est un excitant qui peut vous empêcher de dormir. Évitez de boire du thé, du café, une boisson aromatisée au cola ou même un chocolat chaud après 18 h, voire plus tôt si vous êtes particulièrement sensible à la caféine. Remplacez ces breuvages par des boissons lactées ou des infusions.
• Évitez les « petits verres du soir ». Si l'alcool provoque une certaine somnolence, il bouleverse aussi les phases du sommeil et entraîne réveils nocturnes, déshydratation et migraines.
• Faites régulièrement de l'exercice, mais pas trop près de l'heure du coucher.

> La meilleure façon de se détendre et de se sentir bien, c'est de prendre de bonnes habitudes de sommeil.

• Essayez les pratiques alternatives telles la médecine par les plantes et l'aromathérapie. La valériane sert à combattre le stress et les insomnies. Vous pouvez également verser quelques gouttes d'huile essentielle dans votre bain ou sur votre oreiller.
• Si vous vous réveillez en pleine nuit sans pouvoir vous rendormir, levez-vous et pratiquez une activité relaxante comme la lecture. Si les soucis vous empêchent de retrouver le sommeil, évacuez-les en les couchant sur le papier ou en dressant la liste de ce que vous aurez à faire le lendemain. Retournez vous coucher dès que vos paupières s'alourdissent.

> La relaxation avant de s'endormir permet de préparer son corps et son esprit au sommeil.

l'esprit

L'incapacité à se défaire de certaines pensées et à se déconnecter est une caractéristique classique du stress. Si vous pouvez tenir le stress à distance en prenant soin de votre corps et en faisant de l'exercice régulièrement, vous avez aussi besoin de moments de retraite spirituelle.

L'antique pratique de la méditation sert depuis toujours à apaiser l'âme. Des techniques simples telles la prise de conscience du souffle, la répétition de mantras ou la visualisation ouvrent les portes d'un espace intérieur où l'esprit peut se reposer.

Les pouvoirs instinctifs d'autoguérison peuvent alors entrer en jeu et la réaction de stress peut s'inverser.

SAVOIR RESPIRER

LA RESPIRATION EST LA CLÉ DE LA RELAXATION ET DU BIEN-ÊTRE. POURTANT, NOUS AVONS TENDANCE À SOUS-ESTIMER LE POUVOIR ET L'IMPORTANCE DE CE PHÉNOMÈNE NATUREL. NOUS RESPIRONS SANS Y PENSER ET BIEN PEU D'ENTRE NOUS CONNAISSENT OU PRÊTENT ATTENTION AUX TECHNIQUES RESPIRATOIRES.

La prise de conscience et la régulation du processus respiratoire sont un moyen efficace de maintenir ou de retrouver une bonne santé et de parvenir à la relaxation physique ou mentale. Mais c'est aussi pour de nombreuses personnes un puissant outil de développement spirituel. La pratique du yoga accorde une place capitale à la façon de respirer puisqu'une de ses branches est consacrée à l'art et à la science du contrôle du souffle. La respiration est également un élément important de la méditation ; de nombreuses formes de méditation impliquent une concentration sur le souffle.

RESPIRER COMME UN ENFANT

Les enfants ont une respiration naturellement saine. Lorsque nous devenons adultes, nous avons tendance, sans nous en apercevoir, à respirer avec moins d'efficacité en n'utilisant que la partie supérieure du thorax. En général, quand nous sommes calmes et détendus, nous respirons profondément, avec lenteur et en rythme.

LE CERCLE VICIEUX D'UNE MAUVAISE RESPIRATION

En revanche, lorsque nous sommes anxieux et stressés, nous respirons plus vite, de façon superficielle et irrégulière, et nous sommes pris de halètements lorsque notre corps s'efforce d'accroître son apport en oxygène. Si cette façon de respirer s'installe, elle devient une habitude qui nous rend plus nerveux et plus agités ; un cercle vicieux s'est formé. Un stress prolongé ou extrême peut donner lieu à une sur-respiration qui entraîne des vertiges et des évanouissements. Cette « hyperventilation » favorise aussi les attaques de panique.

LA RESPIRATION, CLÉ DE L'APAISEMENT

En prenant conscience de votre souffle, vous pouvez commencer à changer vos mauvaises habitudes et vous entraîner à respirer correctement. Les techniques décrites dans la troisième partie vous permettront d'évacuer rapidement le stress et d'apaiser votre esprit avant de pratiquer la méditation ou la visualisation créative. Elles peuvent se pratiquer dans les positions classiques du yoga, position du lotus ou tailleur ou encore assis sur une chaise.

> Le simple fait de prendre conscience de son souffle permet de perdre ses mauvaises habitudes et de commencer à respirer correctement.

LA MÉDITATION

Depuis des millénaires, les hommes et les femmes en quête de vérité spirituelle pratiquent la méditation. Mais il n'est pas nécessaire d'adhérer à une philosophie ou à un système de croyances pour la pratiquer. La méditation repose sur quelques principes simples : préparation de la pièce, échauffement, postures variées et exercices de respiration.

À l'heure actuelle, l'une des raisons du succès de la méditation est qu'elle a pour effet secondaire d'améliorer considérablement la santé mentale et physique. La méditation est en effet un antidote efficace au stress.

LES EFFETS DE LA MÉDITATION SUR LE CORPS

On a découvert que la méditation, surnommée « réaction de relaxation », endiguait le flot des hormones du stress et suscitait une réaction contraire à celle du combat ou de la fuite. Sa pratique régulière s'accompagne d'une baisse notable du rythme cardiaque et de la pression sanguine, d'un relâchement du système nerveux et d'une amélioration des troubles liés au stress, comme la dépression, la migraine ou l'insomnie.

UNE TECHNIQUE SIMPLE

Le premier avantage de la méditation et sa beauté est qu'elle est très simple à apprendre. De plus, elle peut se pratiquer n'importe où et n'importe quand. Il suffit de passer dix minutes dans un endroit calme où l'on ne sera pas dérangé, une ou deux fois par jour. Le réveil, le moment où l'esprit n'est pas encore monopolisé par les événements de la journée, est idéal pour s'y livrer. Mais on peut méditer à toute heure. Pour obtenir des résultats durables, il est nécessaire de pratiquer régulièrement, de préférence chaque jour.

À CHACUN SA MÉTHODE

La troisième partie de cet ouvrage regroupe toutes sortes de techniques de méditation. Essayez-en plusieurs pour savoir laquelle vous correspond le mieux. Si possible, ôtez vos chaussures et vos vêtements trop ajustés avant de commencer. Les points communs à tous les exercices détaillés dans ce livre sont énoncés ci-après.

> La pratique régulière de la méditation permet de contrôler les pensées et émotions négatives.

LA POSTURE

Une position stable, qui permet d'être bien assis et de rester dix minutes (ou plus si l'on souhaite méditer davantage) immobile sans éprouver de gêne, la colonne vertébrale droite, mais détendue, constitue le fondement même de la méditation.

LES POSITIONS ASSISES

La position classique est celle dite « du lotus », dans laquelle les jambes sont pliées l'une sur l'autre. On peut aussi adopter celle du « demi-lotus » ou encore la « position parfaite ». La plupart des gens se sentent mieux en étant simplement assis en tailleur par terre, un coussin sous les fesses pour les soutenir, ou à genoux.

LA POSITION ALLONGÉE

Si aucune posture ne vous convient, allongez-vous par terre en position dite « du cadavre » et méditez ainsi, ou asseyez-vous sur une chaise à dossier droit, les pieds à plat au sol et les jambes à la verticale. Après être resté un certain temps dans l'une ou l'autre de ces positions, vous sentirez votre souffle se régulariser et votre esprit s'apaiser. Il vous sera alors plus facile de méditer.

LE SOUFFLE

Pour méditer, votre souffle doit être naturel, ni forcé, ni contrôlé. Respirez par le nez, non par la bouche, et laissez votre souffle se régulariser de lui-même à mesure que votre esprit s'apaise. Si, au cours de la méditation, des formes de respiration telle la rétention de souffle se manifestent, ne vous inquiétez pas. Laissez-les apparaître sans tenter de les corriger.

LA CONCENTRATION

La plupart des techniques de méditation font appel à la concentration sur un objet, une image ou un son : on répète un mantra, on garde les yeux fixés sur une bougie, on visualise l'espace situé entre les sourcils ou l'on se contente de se focaliser sur la respiration. D'autres passent par une ouverture de l'attention : on prend conscience de ce qui se passe en soi et autour de soi, en se contentant d'être dans le présent et en laissant ses pensées aller et venir sans chercher à les diriger.

L'ATTITUDE

Certaines personnes qui voudraient méditer se plaignent de ne pas y arriver : en général, elles essaient de contenir les pensées ou les sentiments qui se bousculent dans leur esprit. Au lieu de vous inquiéter des idées et des images qui surgissent pendant la méditation, contentez-vous d'en prendre note sans les commenter et reportez doucement votre attention sur l'objet de votre méditation.

La fleur de lotus est le symbole du développement spirituel.

LES POSITIONS

A

POSITION DU LOTUS

La position du lotus, dans laquelle on représente souvent le Bouddha, est idéale pour méditer, elle est d'ailleurs devenue le véritable symbole de la méditation. Les jambes sont entrecroisées, offrant ainsi au méditant une base stable qui lui évite de basculer vers l'avant ou de s'endormir. Aucun effort n'est nécessaire pour garder cette position. Si elle s'avère très relaxante lorsque les hanches, les chevilles et les genoux se sont assouplis, elle paraît d'emblée très inconfortable, notamment à ceux qui ont l'habitude de s'asseoir sur un siège. Ne forcez jamais sur vos jambes pour l'adopter.

Instructions

Asseyez-vous par terre, les jambes étendues devant vous. Pliez la jambe droite, saisissez le pied droit et placez-le sur la cuisse gauche de sorte que le talon appuie sur le ventre. De même, pliez la jambe gauche et placez le pied gauche sur la cuisse droite. La plante des pieds est tournée vers le haut et les genoux touchent le sol. Le dos doit être droit, l'arrière de la tête dans l'axe de la base de la colonne vertébrale, et l'abdomen détendu. Les mains sont posées sur les genoux, paumes tournées vers le haut, le pouce touchant l'index. On peut aussi les placer entre les talons, l'une sur l'autre. Commencez par tenir une minute et prolongez peu à peu.

Dans la position classique, la jambe gauche repose sur l'autre. Pour améliorer sa souplesse des deux côtés, mieux vaut inverser régulièrement le sens du croisement. Ce conseil s'applique à toutes les positions où les jambes sont croisées.

B

POSITION DU DEMI-LOTUS

Si vous êtes débutant, la position du lotus vous paraîtra peut-être trop difficile, vous pourrez alors adopter celle du demi-lotus.

Instructions

Asseyez-vous par terre, les jambes étendues devant vous. Pliez la jambe gauche et placez le pied gauche sous la cuisse droite, le plus près possible des fesses. Pliez ensuite la jambe droite et placez le pied droit sur la cuisse gauche, comme dans la position du lotus. Là encore, les deux genoux doivent toucher le sol et le dos doit être droit. Placez les mains comme dans la position du lotus et inversez régulièrement le sens du croisement de jambes.

C

POSITION PARFAITE

Plus facile à maîtriser que celle du lotus, cette position de méditation classique assure également une grande stabilité.

Instructions

Asseyez-vous par terre, les jambes étendues. Pliez la jambe gauche et placez le pied gauche contre le périnée. Pliez ensuite la jambe droite et placez le talon contre l'os du pubis. La plante des pieds tournée vers le haut, coincez les orteils entre le mollet et la cuisse gauches. Les fesses, les cuisses et les genoux doivent toucher le sol. Placez les mains comme dans la position du lotus, et inversez régulièrement le sens du croisement de jambes.

POSITION DU LOTUS

POSITION DU DEMI-LOTUS

POSITION PARFAITE

D

EN TAILLEUR

Pour la plupart des gens, cette position ne présente aucune difficulté. Comme dans toutes les positions de méditation, le dos doit être droit, mais pas raide, et l'abdomen détendu.

Instructions

Asseyez-vous sur un coussin ou une couverture et croisez les jambes de sorte que les pieds touchent le sol, sous les genoux, et que la tête, le cou et le tronc se situent sur le même axe. Placez les mains sur les genoux ou les cuisses et inversez régulièrement le sens du croisement de jambes.

E

À GENOUX

Bon nombre de pratiquants préfèrent cette position à la précédente, car elle permet de maintenir aisément la colonne vertébrale droite et de délasser les jambes.

Instructions

Le dos droit et les genoux joints, agenouillez-vous. Écartez les talons et rapprochez les deux gros orteils de façon à être assis sur la face interne des pieds. Si les fesses ne reposent pas confortablement sur les pieds, comblez le vide avec un coussin (ou deux si nécessaire). Placez les mains sur les genoux. Autre possibilité : les genoux joints, écartez les pieds et asseyez-vous dans l'espace ainsi créé en coinçant un coussin sous les fesses si elles ne touchent pas le sol. Placez les mains sur les genoux.

F

ASSIS SUR UNE CHAISE

Cette position est idéale, quelles que soient la forme ou la souplesse du pratiquant. En outre, on peut l'adopter au bureau.

Instructions

Si vous ne pouvez vous asseoir par terre, asseyez-vous, le dos droit, mais pas raide, sur une chaise ou un tabouret au siège ferme. Les pieds doivent reposer à plat sur le sol, séparés par la largeur du bassin. Les genoux doivent être situés dans leur axe et les mains placées sur les cuisses. En posant un coussin contre le dossier de la chaise, vous pourrez vous asseoir au bord de celle-ci, ce qui facilite l'adoption d'une position droite et favorise une bonne répartition du poids.

G

POSITION DU CADAVRE

Destinée à ceux qui ne peuvent s'asseoir, cette position est incroyablement relaxante. Elle intervient dans de nombreux exercices décrits ici.

Instructions

Étendez-vous par terre, de préférence sur une natte, une couverture pliée ou un matelas ferme. Écartez légèrement les jambes et laissez les pieds tomber de côté. Détachez légèrement les bras du corps et posez les mains sur le sol, paumes en l'air. Cette position, également utile à la relaxation physique, est à adopter avant ou après une méditation en position assise.

RÉSISTER AU STRESS • 39

D **EN TAILLEUR**

E **À GENOUX**

F **ASSIS SUR UNE CHAISE**

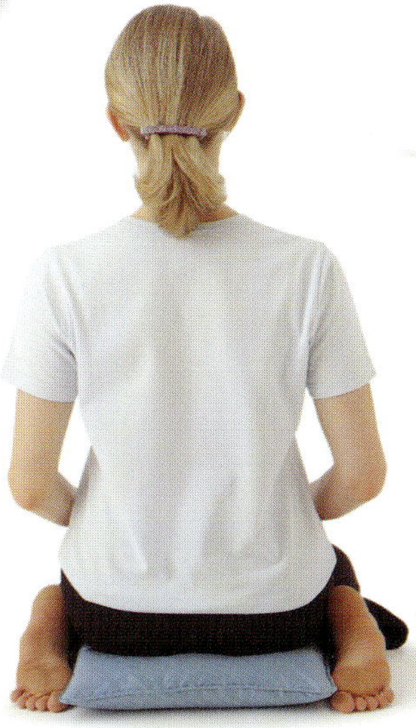

G **POSITION DU CADAVRE**

ÊTRE POSITIF

C'EST PEUT-ÊTRE UN CLICHÉ, MAIS LA VIE EST RÉELLEMENT CE QU'ON EN FAIT, ET LA MANIÈRE D'ABORDER LES PROBLÈMES OU LES ENJEUX QUOTIDIENS PEUT TOUT CHANGER. NE SOUS-ESTIMEZ JAMAIS LE POUVOIR DE VOTRE ESPRIT.

Les études ne cessent de démontrer que les optimistes, ceux qui jettent un regard positif sur l'existence, sont en meilleure santé, vivent plus vieux, ont des relations plus stables et sont mieux payés au travail que les personnes négatives ou dépressives. Les pessimistes font leur propre malheur et font peser à leur entourage leurs pensées négatives. Changez d'état d'esprit, passez du négatif au positif, voyez le verre à moitié plein et non à moitié vide, et vous vous donnerez la possibilité de mener une vie plus saine, plus heureuse et plus longue. Cette attitude vous permettra également de mieux gérer vos difficultés.

idées ou des propos négatifs, efforcez-vous de projeter sur eux un éclairage positif. Voyez des défis et de bonnes occasions plutôt que des menaces. Au lieu de vous arrêter sur les mauvais côtés des personnes de votre entourage, cherchez leurs bons côtés. Faites de même pour vous-même et toutes les situations que vous vivez.

METTRE AU POINT DE BONNES STRATÉGIES D'AFFRONTEMENT ET DE RÉSOLUTION DES PROBLÈMES

Partez du principe que les tracas ne durent pas et que tout problème a sa solution. Cherchez-la quand vous avez l'esprit clair, quand vous vous sentez en forme, et non quand vous êtes fatigué ou en manque de sommeil. Le problème le plus insoluble peut se diviser en plusieurs petits problèmes faciles à résoudre.

> Convertissez-vous à la pensée positive grâce aux affirmations proposées ici ou concevez vos propres affirmations.

TRANSFORMER LE NÉGATIF EN POSITIF

Prenez le temps d'identifier vos schémas de pensée (la méditation est un excellent moyen d'y parvenir). Lorsque vous débusquez des

FORMULER DES AFFIRMATIONS

Les affirmations sont des déclarations fortes et positives qui deviennent de bons outils lorsque l'on veut renforcer son estime de soi et son assurance. Nous nous tenons sans cesse à nous-mêmes un discours intérieur mais celui-ci affleure rarement à notre conscience sauf si nous y prêtons volontairement attention.

À force de répéter une affirmation donnée, on pousse l'inconscient à accepter son message et l'on substitue des images et des idées positives au discours négatif qu'on tient sur soi.

Émile Coué, le pionnier de l'autosuggestion, est l'auteur de la célèbre phrase : « Tous les jours, à tous points de vue, je vais de mieux en mieux. » L'autosuggestion constitue le cœur de la méthode qui a pris le nom du psychothérapeute et a connu son heure de gloire dans les années vingt. N'en déplaise à ses détracteurs, la méthode Coué fonctionne encore : après avoir eu recours à cette formule, des milliers de personnes ont vu leur vie s'améliorer.

PRENDRE CONSCIENCE DE SON DISCOURS INTÉRIEUR

Bien que, la plupart du temps, nous en soyons totalement inconscients, notre esprit est en permanence actif. Les personnes qui méditent se rendent compte que notre esprit est sans cesse traversé de pensées, d'idées et de sentiments. En observant l'esprit et son discours intérieur sans y mettre de passion, sans chercher à s'y immiscer, on identifie des schémas de pensée destructeurs qui rejaillissent sur la façon dont on se perçoit et sur les événements. L'affirmation permet de remplacer les idées noires et le discours intérieur négatif par leurs opposés. Ce processus peut transformer une façon d'être et bouleverser une existence.

DES AFFIRMATIONS POUR TOUTES LES SITUATIONS

On peut concevoir des affirmations pour parvenir à différentes fins, pour améliorer n'importe quelle situation et pour combattre toutes sortes de stress : peur de l'échec, manque d'assurance ou d'estime de soi, souffrance, colère, etc. Formulez-les tant qu'elles vous semblent adéquates, puis concevez-en d'autres au gré de votre humeur et des circonstances. Qu'elles soient générales ou particulières, plus elles sont courtes et simples, meilleures elles sont. Les affirmations doivent toujours être :

- positives plutôt que négatives : « Je suis calme et détendu », et non « Je ne suis plus stressé ni épuisé. »
- formulées au présent plutôt qu'au futur : « Ma relation avec X est parfaite », et non « Ma relation avec X s'arrangera. »

On peut les associer à la visualisation créative ou les répéter comme un mantra. En voici quelques-unes pour commencer :
- « Quoi qu'il se passe dans ma vie, je peux y faire face. »
- « Je suis responsable de toute ma vie, de mes pensées les plus profondes à la réalité qui m'entoure. »
- « Ma vie regorge d'une profusion d'amour, de paix et de joie. »
- « Je consacre dix minutes à me détendre dès que j'en ai besoin. »

chapitre 3

exercices de
dix minutes

habitudes

Pour partir d'un bon pied et se sentir bien toute la journée, il est essentiel d'avoir passé une nuit paisible. En moyenne, les adultes sont au mieux de leur forme après sept heures et demie ou huit heures de sommeil. Si vous dormez moins, vous risquez d'être fatigué, irritable et inefficace ; si vous dormez plus, vous aurez l'esprit embrumé et manquerez d'énergie. Si vous vous réveillez de vous-même en vous sentant reposé, c'est que vous avez votre compte de sommeil. Si vous en manquez, sachez que le stress est l'ennemi du sommeil ; suivez les conseils donnés page 31 pour mieux dormir.

La plupart des techniques décrites ici peuvent se pratiquer à tout moment.

matinales

Toutefois, elles conviennent particulièrement aux premières heures, qui conditionnent le reste de la journée. S'assurer un bon démarrage mérite bien le petit effort qui consiste à se lever un peu plus tôt. La façon de se réveiller elle-même peut tout changer. Si la sonnerie stridente du réveille-matin classique vous fait émerger brutalement, sachez que d'autres modèles de réveille-matin sont disponibles. La nouvelle génération d'appareils permet de s'éveiller en douceur au chant des oiseaux, au bruit des vagues ou au rythme des mantras. Vous pouvez aussi programmer votre chanson préférée sur un lecteur de CD équipé à cet effet. Une fois réveillé, essayez de trouver le temps d'effectuer quelques étirements, soit couché, soit debout.

Si vous vous sentez un peu embrumé ou si vous avez passé une nuit agitée, n'oubliez pas que rien ne vaut la pratique du yoga matinal. Les salutations au soleil (p. 48) accomplies à l'aube, comme le veut la tradition, sont peut-être les meilleurs exercices qui soient. Après quelques séries, vous vous sentirez tonifié et impatient d'entamer la journée. Le matin est aussi idéal pour pratiquer des exercices respiratoires et méditer.

Pour partir sur des chapeaux de roue, recourez donc à quelques étirements et flexions qui assoupliront vos articulations, ainsi qu'à un peu de méditation qui vous recentrera. Enfin, prenez un bon petit déjeuner qui maintiendra vos niveaux d'énergie à leur maximum et renforcera vos capacités de concentration. Si vous avez la chance de pouvoir aller au travail à pied, laissez la voiture au garage et évitez les transports publics. Une marche d'un bon pas vous procurera bien-être et détente.

MÉDITATION ET CONSCIENCE DU SOUFFLE

La méditation est un exercice qui peut se pratiquer n'importe où et n'importe quand mais le matin est la meilleure partie de la journée. En effet, c'est au lever du jour que l'esprit est le plus clair et le plus serein. Au fur et à mesure du déroulement de la journée, les préoccupations et les événements que nous devons affronter ont tendance à l'obscurcir.

Si vous avez décidé de vous prendre en main et d'être plus fort que le stress, la pratique au lever de quelques techniques simples de méditation donnera la tonalité à votre journée. Commencez par faire des respirations en soufflet (voir p. 114), celles-ci apaiseront votre esprit avant de vous mettre en train.

COMMENT MÉDITER

Dans une pièce ou un endroit paisibles, asseyez-vous droit en tailleur ou adoptez l'une des positions décrites de la page 36 à la page 39. Fermez les yeux et respirez naturellement. Prenez conscience de vos inspirations et de vos expirations. Ne vous inquiétez pas si votre esprit vagabonde. Contentez-vous d'observer les pensées et les sentiments qui surgissent, sans les laisser vous enfermer. Puis, reportez doucement votre attention sur votre respiration.

Pour aider votre esprit à s'apaiser, vous pouvez réciter le mantra *hamsa* ; cette technique simple et naturelle vous permettra d'observer les allées et venues du souffle.

HAMSA (SO'HAM) : « JE SUIS CELA »

D'après la littérature yogique, tout être vivant produit inlassablement le son *hamsa*, de façon consciente ou non. C'est pourquoi on appelle ce vocable le « mantra naturel ». Dans la suite *hamsa-hamsa-hamsa*, on peut aussi, en inversant les syllabes, entendre *so'ham-so'ham-so'ham*, ce qui signifie « Je suis cela » en sanskrit.

Pour méditer en « récitant » le mantra *hamsa*, écoutez le bruit de votre respiration qui va et vient. Captez le son *ham* à chaque inspiration, et le son *sa* (ou *so*) à chaque expiration. Concentrez-vous sur le temps qui sépare l'une de l'autre, le *ham* du *sa* et le *sa* du *ham*. Quels que soient vos pensées et vos sentiments du moment, laissez-les advenir sans vous y opposer. Après avoir fait l'expérience du calme qui règne au centre de votre être, vous pourrez abandonner le *ham* et le *sa* pour vous perdre dans la méditation.

SALUTATIONS AU SOLEIL

Comme son nom l'indique, la tradition veut que cette série de douze positions de yoga se pratique à l'aube. Les salutations au soleil sont un programme yogique condensé qui permet d'oxygéner le sang, donc de donner de l'énergie à l'organisme, d'assouplir la colonne vertébrale et de tonifier le corps.

Accomplies assez rapidement au lever, les salutations au soleil évacuent le sommeil et vous font partir d'un bon pied. Si vous les pratiquez avant un programme complet de positions yogiques (ou de tout exercice physique), elles constitueront un excellent échauffement. Effectuées avec lenteur, elles vous libéreront de votre tension physique et prépareront le terrain à la relaxation.

Il en existe de nombreuses variantes. La version décrite ici fait partie des versions qui reviennent le plus souvent dans la littérature yogique. C'est aussi l'une des plus faciles à apprendre.

EXERCICES DE DIX MINUTES • 49

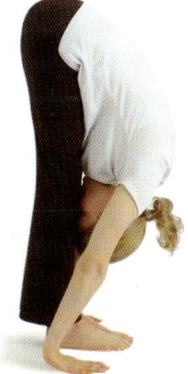

A
Mettez-vous debout, répartissez équitablement votre poids sur la plante des deux pieds rapprochés, joignez les paumes à hauteur de la poitrine et expirez.

B
En inspirant, levez les bras et tirez-les légèrement en arrière, les paumes doivent être tournées vers l'extérieur.

C
En expirant, penchez-vous en avant, posez les mains à plat sur le sol de chaque côté des pieds et approchez le plus possible le visage des genoux. Si vous n'êtes pas très souple ou si vous êtes débutant, vous devrez peut-être plier les genoux au début.

D

Sans bouger les mains ni le pied gauche, inspirez et tendez la jambe droite vers l'arrière, le genou droit est au sol et les orteils sont pliés. Le genou gauche doit être à l'aplomb de la cheville gauche. Arquez le dos et levez la tête.

E

En retenant votre souffle, amenez la jambe gauche contre la jambe droite et faites porter le poids du corps sur les mains ainsi que sur les orteils. La tête, le dos, les jambes et les talons doivent se situer sur le même axe.

F

En expirant, pliez les bras et abaissez les genoux, la poitrine ainsi que le menton au sol. Gardez les coudes en l'air et posez les mains bien à plat.

G

En inspirant, abaissez les hanches vers le sol et glissez vers l'avant, de sorte que la pointe des orteils se dirige vers l'arrière. Raidissez les bras, bombez la poitrine et levez la tête en la tirant vers l'arrière.

H

En expirant, ramenez les orteils en position normale et levez les hanches de façon que votre corps dessine un « V » renversé. Gardez les jambes droites et poussez sur les talons en essayant de poser les pieds à plat sur le sol. Laissez tomber la tête entre les bras.

I

En inspirant, ramenez la jambe droite vers l'avant, entre vos mains, tandis que vous posez le genou gauche au sol. Arquez le dos et levez la tête. C'est la même position que la position 4, mais elle est inversée.

J

En expirant, amenez la jambe gauche contre la droite et reprenez la position 3 : penchez-vous en avant, posez les mains à plat sur le sol de chaque côté des pieds et approchez le plus possible le visage des genoux.

K

En inspirant, levez les bras et tirez-les vers l'arrière pour reprendre la position 2 ; les paumes des mains doivent être tournées vers l'extérieur.

L

En expirant, laissez pendre les bras de côté ou, si vous effectuez une deuxième série d'exercices, reprenez la position initiale.

- Répétez les douze positions en faisant en sorte que la jambe gauche remplace la droite dans les positions 4 et 9. Vous aurez accompli l'ensemble des salutations au soleil.

Commencez par une série d'exercices que vous effectuerez avec lenteur et précaution pour bien vous imprégner des mouvements. Soignez chaque position et passez de l'une à l'autre avec autant de souplesse que possible. Chaque jour, faites une série de plus jusqu'à ce que vous arriviez à réaliser les douze. Ensuite, étendez-vous quelques minutes en position du cadavre (voir p. 39). Fermez les yeux et laisser votre souffle revenir à la normale. Enchaînez par quelques exercices de respiration abdominale (voir p. 113).

FLEXIONS POUR SALLE DE BAINS

aites un autre usage de vos serviettes de toilette et de votre lavabo en associant à vos ablutions matinales cette série de flexions et d'étirements.

Ces exercices équilibrés améliorent la circulation, font disparaître la raideur matinale et vous préparent mentalement à vivre une journée positive et pleine d'énergie.

A
ASSOUPLISSEMENT DES ÉPAULES

Cette technique est excellente pour dérouiller les épaules, traiter les maux de dos et améliorer le maintien. Elle est particulièrement recommandée à ceux qui passent de nombreuses heures devant un écran d'ordinateur.

Instructions

1 La serviette dans la main droite, levez le bras droit, pliez-le et amenez la main entre les omoplates.

2 Tendez le bras gauche à l'horizontale et de côté, pliez-le et faites-le passer dans le dos. Saisissez la serviette aussi près que possible de la main droite et gardez cette position trente secondes.

3 Répétez l'opération en sens inverse.

Attention aux points suivants
- Bombez la poitrine et rentrez les fesses.
- Les bras doivent être parallèles, l'un au-dessus de l'autre.
- Essayez d'approcher les deux mains l'une de l'autre. Si vous pouvez attraper vos doigts, voire vos poignets, il est inutile de vous servir de la serviette.

B
DÉVELOPPEMENT DE LA CAGE THORACIQUE

Comme son nom l'indique, cet exercice a pour but de développer votre cage thoracique. Il permet de supprimer la raideur des épaules et du haut du dos et améliore le maintien.

Instructions

1 Tenez la serviette à deux mains et écartez-les l'une de l'autre de deux fois votre carrure. Écartez les bras, inspirez et levez-les au-dessus de la tête en tendant la serviette.

2 Expirez et faites passer la serviette derrière la tête, puis dans le dos.

3 Inspirez et relevez les bras.

4 Expirez et rabaissez les bras en refaisant passer la serviette devant vous.

5 Répétez l'exercice jusqu'à cinq fois.

Attention aux points suivants
- Effectuez le mouvement avec lenteur, douceur.
- Bombez la poitrine, baissez les épaules et rentrez les fesses.
- Si vous n'éprouvez pas de sensation d'étirement, approchez les mains l'une de l'autre.

EXERCICES DE DIX MINUTES • 55

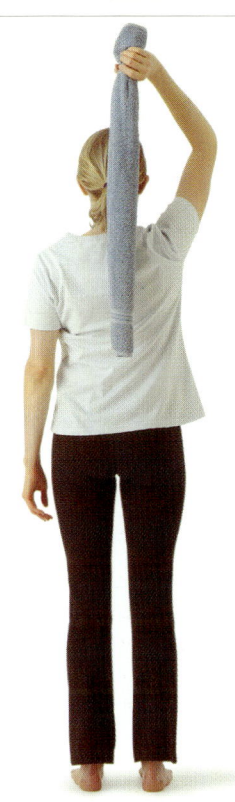

ASSOUPLISSEMENT DES ÉPAULES

DÉVELOPPEMENT DE LA CAGE THORACIQUE

C

ASSOUPLISSEMENT DU DOS

Cet exercice permet d'assouplir le dos, de développer la poitrine tout en procurant énergie et vitalité.

Instructions

1 Prenez la position à angle droit, indiquée ci-contre. Inspirez puis, les bras tendus, approchez les hanches du lavabo et levez la tête.

2 Mettez-vous sur la pointe des pieds, tendez les jambes et rentrez les fesses.

3 Laissez tomber les épaules, bombez la poitrine et levez les yeux au plafond en expirant. Restez ainsi de cinq à huit secondes.

4 Expirez et reprenez la position à angle droit.

Attention aux points suivants
- Tirez les épaules en arrière et vers le bas avant de lever les yeux.
- Si vous avez mal au cou, nous vous déconseillons de pratiquer cet exercice.
- Effectuez le mouvement tout en souplesse et en fluidité.

D

FLEXION À ANGLE DROIT

La flexion à angle droit est un exercice particulièrement intéressant car elle permet d'étirer les bras, les épaules et les jambes tout en faisant disparaître la raideur du dos.

Instructions

1 Posez les mains au bord du lavabo et écartez-les l'une de l'autre de la largeur de votre bassin.

2 Reculez jusqu'à ce que les bras soient tendus. Le dos est à l'horizontale et les jambes sont à la verticale.

3 Éloignez les hanches des mains.

4 En concentrant votre poids dans les talons, tirez sur les cuisses et les genoux.

5 Étirez-vous jusqu'aux orteils en tendant le dos sur toute sa longueur. Gardez cette position de cinq à huit secondes.

Attention aux points suivants
- Gardez les mains dans l'axe des bras sans relâcher les poignets.
- Rentrez le ventre.
- Gardez la tête dans l'axe des bras, de sorte que le haut du crâne soit dirigé vers les mains.

ASSOUPLISSEMENT DU DOS

FLEXION À ANGLE DROIT

E

FLEXION DES GENOUX

Ce mouvement présente plusieurs avantages : il tonifie les jambes, les chevilles et les pieds. De plus, il les fortifie et en évacue la tension qui a été accumulée.

Instructions

1 Mettez-vous debout, les genoux joints et les mains posées sur le lavabo.

2 Inspirez et mettez-vous sur la pointe des pieds. Essayez de vous dresser le plus haut possible, comme si un fil invisible accroché au sommet de votre tête vous tirait vers le haut.

3 Expirez et pliez lentement les jambes jusqu'à ce que les cuisses soient à l'horizontale. Restez ainsi de cinq à dix secondes, ou plus si vous le pouvez, sans retenir votre souffle.

4 Inspirez et relevez-vous. Reposez les pieds à plat en expirant et répétez l'opération cinq fois.

Attention aux points suivants
● Bombez la poitrine et redressez la tête en gardant les épaules baissées.
● Essayez de rester sur la pointe des pieds quand vous pliez les jambes.
● Ne portez ni chaussures ni chaussons.

F

JAMBES LEVÉES

Cet exercice étire et renforce les jambes, assouplit les hanches ainsi que les épaules et tend la colonne vertébrale.
Il vous faut poser le pied sur un support (tabouret, siège des toilettes ou lavabo si vous êtes souple) d'une hauteur telle que vous puissiez tendre les deux jambes lorsque vous êtes debout (voir photo).
Si c'est nécessaire, n'hésitez pas à rehausser le support à l'aide de livres, mais veillez à ne pas poser le pied trop haut au début, surtout si vous n'êtes pas très expérimenté.

Instructions

1 Mettez-vous debout face au support, les pieds joints. Pliez la jambe droite et levez-la pour poser le pied sur le support. Tendez les jambes.

2 Bombez la poitrine et redressez la tête en étirant l'arrière du cou ainsi que la colonne vertébrale.

3 Si possible, croisez les doigts et levez les bras en tournant les paumes vers le plafond. Gardez cette position trente secondes.

4 Recommencez en levant la jambe gauche.

Attention aux points suivants
● Veillez à ce que le pied resté au sol soit bien pointé vers le support.
● Posez l'arrière du talon et non de la cheville sur le support.
● Si vous ne pouvez lever les bras, gardez les mains sur les hanches et les épaules baissées.

EXERCICES DE DIX MINUTES • 59

FLEXION DES GENOUX

JAMBES LEVÉES

LES BIENFAITS DE L'HYDROTHÉRAPIE

Le succès récent des cures de thalassothérapie nous rappelle cette vérité première, notre organisme est constitué d'eau à 70 %. L'eau est l'essence même de la vie ; sans elle, nous ne pourrions vivre plus de deux ou trois jours. Il n'est pas toujours utile d'avoir recours à ces cures souvent chères, l'eau disponible dans votre salle de bains peut déjà vous faire beaucoup de bien.

Recréez un établissement thermal dans l'intimité de votre salle de bains pour découvrir les bienfaits de l'hydrothérapie. Les techniques simples que nous développons ici permettent de rafraîchir les yeux fatigués, de tonifier l'organisme.

ASPERSION DES YEUX

Aspergez vos yeux fermés d'eau chaude, mais pas brûlante, puis d'eau froide. Effectuez environ vingt-cinq aspersions sur chaque œil, puis recommencez.

Si vous souffrez de troubles ou d'infections oculaires et si votre vue est mauvaise, servez-vous plutôt de compresses chaudes et froides. Prenez un morceau de tissu doux et propre que vous réserverez à cet effet, pliez-le et faites-en un bandeau suffisamment long pour qu'il couvre les yeux et les régions voisines. Plongez-le dans de l'eau chaude, essorez-le et appliquez-le sur vos paupières fermées jusqu'à ce qu'il soit froid. Recommencez avec un tissu imbibé d'eau froide et répétez l'opération dans son ensemble.

UN REGARD LUMINEUX

Si vos paupières sont gonflées le matin, conservez un flacon d'eau chaude près de votre lit et buvez-en un verre dès le réveil. Puis restez dix minutes en position du cadavre (voir p. 39). L'eau chaude stimule les reins et élimine l'eau retenue dans les tissus fragiles qui entourent les yeux. En position allongée, fermez les yeux et prenez conscience de votre souffle sans en altérer le processus naturel. Si vous sentez une tension du corps, pratiquez la relaxation musculaire en profondeur ; les exercices indiqués page 82 permettront de dénouer cette tension.

LE POUVOIR DE LA DOUCHE

Si vous en avez le courage, essayez d'étendre le pouvoir de l'hydrothérapie à vos ablutions matinales ou aux moments où vous avez besoin d'un petit coup de fouet. Pour ce faire, alternez les températures sous votre douche. Le chaud et froid vous réveilleront, activeront votre circulation, stimuleront vos organes internes, renforceront votre système immunitaire et procureront à votre corps une sensation de plaisir. Vous serez alors prêt à démarrer.

Commencez par une douche chaude. Au bout de quelques minutes, abaissez la température de l'eau jusqu'à ce qu'elle soit aussi fraîche que possible. Après une trentaine de secondes de ce régime, revenez à l'eau chaude. Répétez l'opération deux ou trois fois en finissant par une douche froide. Enveloppez-vous dans des serviettes chaudes, de préférence, tamponnez-vous et détendez-vous quelques minutes.

Vous voilà sec et revitalisé. Canalisez votre énergie retrouvée en pratiquant quelques exercices rapides, comme les flexions pour salle de bains (voir p. 56).

PRENDRE LE TEMPS DE FAIRE UN VRAI PETIT DÉJEUNER

Médecins et nutritionnistes s'accordent à reconnaître l'importance du petit déjeuner dans l'équilibre alimentaire d'une journée. Celui-ci, après le jeûne de la nuit, devrait obligatoirement apporter au moins 25 % des apports journaliers recommandés en énergie et nutriments essentiels (protides, vitamines et minéraux).

En fait, tout le monde devrait se soucier de son petit déjeuner : les enfants qui doivent rester actifs et maintenir leur attention toute la matinée et les adultes qui affrontent trop souvent une longue journée le ventre vide. Si vous comptez sur un café serré pour vous réveiller le matin et si vous tenez jusqu'au déjeuner en avalant tasse sur tasse, il est temps de changer vos habitudes.

LES BIENFAITS D'UN VRAI PETIT DÉJEUNER

Toute une série d'études démontrent qu'en vous passant de petit déjeuner, vous vous exposez au « coup de pompe de 10 heures ». Si vous n'avez pas envie de prendre un vrai petit déjeuner au réveil, attendez environ une heure pour laisser votre organisme se mettre en marche et produire des sucs digestifs.

Faire un vrai petit déjeuner permet d'élever non seulement les niveaux d'énergie, mais aussi la capacité cérébrale, comme le prouvent les tests de performance physique et mentale. Ceux qui prennent cette habitude jouissent d'une concentration supérieure, d'une meilleure mémoire et d'une humeur plus agréable que ceux qui s'en dispensent. En outre, ils sont plus minces.

CÉRÉALES, FRUIT ET LAITAGE : LE TRIO GAGNANT

Bien sûr, le contenu de votre alimentation importe autant que l'heure à laquelle vous mangez. Pour prévenir le coup de pompe de 10 h (et le grignotage qui l'accompagne), mieux vaut prendre des céréales, qui libèrent lentement leur énergie dans le sang. Un bol de vos céréales préférées arrosées de lait demi-écrémé, un fruit frais, un yaourt et un verre de jus de fruits constituent un petit déjeuner rapide qui vous fera tenir jusqu'à midi. Si vous avez plus de temps, essayez le porridge aux raisins secs, au miel et aux graines de sésame grillées, ou préparez au mixeur une boisson saine et bourrée d'énergie : le mélange de graines de lin, de yaourt, de lait, de tofu et de myrtilles est particulièrement conseillé aux femmes. Vous pouvez également broyer des fruits (par exemple une banane, une pêche et une pomme) dans du lait. Les combinaisons ou permutations sont infinies et il existe d'excellents livres de recettes dans lesquels puiser votre inspiration. Les amateurs de petits déjeuners sur le pouce ou au bureau choisiront une barre de céréales et un fruit.

LA CAFÉINE : À BOIRE AVEC MODÉRATION

La caféine procure une stimulation éphémère. Consommée en excès, elle fait baisser l'énergie et augmente anxiété et stress. Si vous n'envisagez pas de commencer une journée sans une tasse de café noir ou au lait ou de thé, vous pouvez vous accorder ce petit plaisir. Mais supprimez toutes les tasses que vous avalez sans y penser, plus par habitude que par plaisir, et évitez de boire du thé pendant les repas car il peut perturber l'assimilation du fer.

se déstresser

La plupart des salariés, de l'employé le plus modeste au président-directeur général, mènent une vie sédentaire et passent de longues heures devant un écran d'ordinateur. Cette situation, conjuguée aux pressions inhérentes au travail, entraînent une tension physique et mentale qu'il importe d'évacuer.

Lorsqu'on est surmené, on peut facilement négliger les signes d'une tension croissante. Pour éviter que le stress ne grandisse à votre insu, procédez régulièrement à un petit « bilan de santé » et ménagez-vous des pauses pendant lesquelles vous pratiquerez des mouvements destinés à prévenir la raideur musculaire et articulaire. Habituez-vous à faire ce bilan corporel plusieurs fois par jour. C'est un moyen rapide de réharmoniser le corps, de corriger de mauvaises postures, de détecter la tension physique et de se relaxer.

au bureau

Avec le temps, vous parviendrez à faire ce bilan en quelques secondes et sans avoir à quitter votre bureau. Pour évacuer le stress en dix minutes, faites-le suivre d'une relaxation qui portera sur toutes les parties du corps.

Si vous passez de nombreuses heures devant un écran, vous risquez de souffrir de fatigue visuelle. Il est conseillé de recourir régulièrement à la relaxation et de pratiquer des exercices oculaires.

Le programme réservé aux intoxiqués du travail se compose de mouvements spécialement conçus pour détendre les principales régions exposées au stress : le cou, le dos, les épaules, etc. Ils présentent l'avantage de pouvoir être pratiqués assis à son bureau ou debout dans un petit espace. Vous pouvez soit enchaîner ces exercices pendant dix minutes, soit vérifier la tension corporelle et ne traiter que vos points faibles.

BILAN CORPOREL :

La sédentarité, lorsqu'elle est associée à une mauvaise position assise entraîne un raidissement de tout le corps, une contraction des muscles, un endommagement de la colonne vertébrale et des maux de dos. La tension musculaire peut également se porter sur le cou, les épaules, la tête, le cerveau et les yeux, surtout lorsqu'on passe de nombreuses heures devant un écran d'ordinateur.

Si vous restez longtemps assis, pratiquez un bilan corporel à intervalles réguliers afin de corriger votre position, de détecter les points de tension et de vous relaxer. Une bonne position assise contribue grandement au sentiment de bien-être : elle permet non seulement d'atténuer la raideur et les douleurs, mais aussi (et c'est le plus important) de garder la poitrine ouverte de façon à mieux respirer. Elle constitue la base des exercices suivants.

Le bilan corporel que nous vous proposons ici, ressemble dans ses grandes lignes à celui qui se pratique debout (voir p. 102). Lorsque vous aurez maîtrisé les différentes étapes, vous pourrez le pratiquer n'importe où, au bureau, dans la salle de bains ou devant le distributeur de boissons. Il vous permettra de rester en prise directe avec votre corps et de prêter attention à ses besoins.

Instructions

1 Asseyez-vous, les pieds à plat sur le sol (si nécessaire, rehaussez-les avec des livres ou des annuaires) et séparés l'un de l'autre par la largeur du bassin. Les genoux doivent se situer dans l'axe des pieds et légèrement plus bas que les hanches. Si la position du lotus ou du demi-lotus (voir p. 36) vous est confortable, vous pouvez l'adopter pour vous asseoir sur votre siège. Posez les mains sur les cuisses ou laissez-les pendre de côté. Fermez les yeux pour favoriser la concentration.

2 Inspirez profondément et sentez votre abdomen se gonfler, votre cage thoracique s'élargir et le haut de votre thorax se soulever. Redressez le dos pour étirer la colonne vertébrale et l'arrière du cou, sans raidir les muscles. Gardez le menton baissé.

3 En expirant, abaissez les épaules et tirez-les doucement vers l'arrière en rentrant les omoplates dans le dos.

4 Respirez encore une ou deux fois profondément en étirant la colonne vertébrale à chaque inspiration, en positionnant les épaules vers le bas et l'arrière, et en rentrant le menton. Le poids du corps doit maintenant se porter sur le bassin, et le ventre doit être rentré.

LA POSTURE ASSISE

Imaginez qu'un fil traverse le centre de la colonne vertébrale, du bas du dos au sommet du crâne, et qu'il vous redresse en douceur.

5 Gardez cette position, vous devez vous sentir parfaitement à l'aise. En respirant avec naturel, relâchez consciemment le corps. Veillez à détendre le visage, les mâchoires et la langue, c'est dans ces différents endroits que se loge une forte tension.

6 Si vous en avez le temps, relaxez chaque partie du corps en vous servant des principes de l'autosuggestion. Concentrez-vous sur une région précise, demandez-lui de se détendre et de lâcher prise, puis passez à une autre région : « Pied gauche, détends-toi ; jambe gauche, détends-toi ; cuisse gauche, détends-toi ; main gauche, détends-toi ; bras gauche, détends-toi ; pied droit, détends-toi ; jambe droite, détends-toi ; cuisse droite, détends-toi ; main droite, détends-toi », etc. jusqu'au cuir chevelu.

7 En esprit, passez votre corps en revue des pieds à la tête et notez tous les points de tension que vous remarquez. Ils peuvent souvent révéler l'existence d'un conflit intérieur qui nécessite une résolution. Prenez le temps de vous interroger sur vous-même. Imaginez-vous en train de souffler sur les parties touchées. Insufflez la relaxation et expulsez la tension ; votre souffle est bienfaisant.

8 Ouvrez les yeux et restez quelques minutes assis de cette manière.
Vous devez alors sentir l'équilibre, la détente et le centrage de votre corps. Si la position vous paraît contraignante, c'est sans doute que vous manquez de muscles dorsaux ; cette absence est responsable d'une mauvaise position. Effectuez souvent des exercices réguliers afin de les étoffer et de les renforcer. Vous prendrez ensuite l'habitude de vous asseoir correctement.

EXERCICES OCULAIRES

Des yeux douloureux et une vision trouble sont les corollaires de la vie de bureau. La généralisation des ordinateurs a changé les conditions de travail de nombreux salariés. Aujourd'hui, il est courant de passer trois heures ou plus par jour devant un écran pour son travail. Aux tensions musculaires induites par un travail sédentaire s'ajoutent alors une gêne et une fatigue oculaires.
Vous pouvez évacuer cette tension en appliquant les conseils suivants.

Clignez souvent des paupières afin d'humecter la surface de l'œil, faites des pauses régulières, pratiquez quotidiennement des exercices spécifiques, délassez vos yeux par imposition des mains (voir p. 85).
Comme tous les muscles, ceux de l'œil ont besoin de travailler régulièrement pour rester forts et sains. Les exercices décrits ci-dessous les fortifient, les soulagent et aident à prévenir la fatigue oculaire. Lorsqu'ils sont pratiqués une ou deux fois par jour, ils améliorent aussi la vue.

A

LE TOUR DU CADRAN

Instructions

1 Asseyez-vous sur votre siège, les pieds à plat sur le sol, le dos droit, la poitrine bombée et les épaules tirées en arrière. Si vous trouvez la position du lotus ou du demi-lotus (voir p. 36) confortable, vous pouvez également l'adopter. Posez les mains sur les cuisses.

2 Imaginez une grande horloge avec des chiffres et des aiguilles à quelques pas de vous. Sans bouger la tête, regardez midi, puis six heures, une heure, puis sept heures, deux heures, puis huit heures, etc., et faites le tour du cadran. Regardez plusieurs fois chaque paire d'opposés avant de passer à la suivante.

3 Répétez l'opération en sens contraire.

4 Suivez des yeux le parcours d'une aiguille en commençant par midi et en faisant le tour du cadran. Répétez lentement l'exercice deux ou trois fois, puis deux ou trois fois en accélérant le mouvement. Enfin, recommencez en sens inverse.

B

ADAPTATION AU PROCHE ET AU LOINTAIN

Instructions

1 Asseyez-vous comme nous vous l'avons indiqué ci-contre et dressez l'index à une trentaine de centimètres de votre nez.

2 Regardez d'abord votre index, puis le mur ou tout objet situé (à moyenne ou grande distance) derrière le doigt. À plusieurs reprises, faites aller et venir votre regard en effectuant une mise au point aussi nette que possible.

C

IMPOSITION DES MAINS

Destiné à rafraîchir des yeux fatigués, ce geste (voir p. 85) peut se pratiquer n'importe quand, pendant une minute ou deux, seul ou associé aux exercices décrits plus haut. Il procure un bien-être immédiat.

EXERCICES DE DIX MINUTES

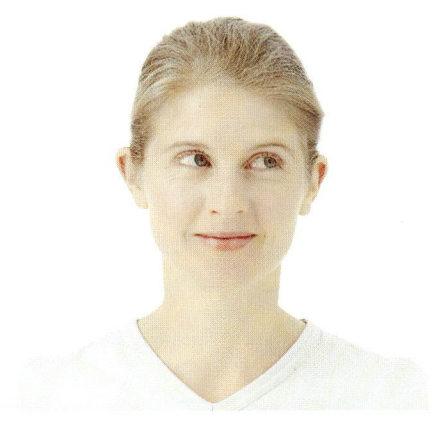
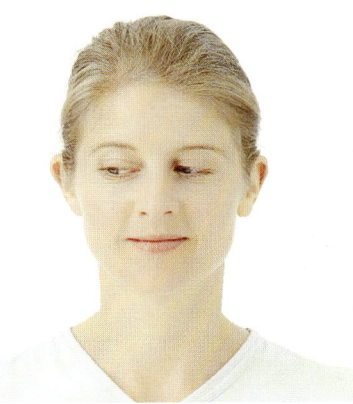

LE TOUR DU CADRAN

ADAPTATION AU PROCHE ET AU LOINTAIN

IMPOSITION DES MAINS

POUR LES INTOXIQUÉS DU TRAVAIL

Si votre travail tient une importance prépondérante dans votre vie, si le temps accordé à votre vie privée et à vos loisirs s'est rétréci comme une peau de chagrin, il est probable que vous passez de nombreuses heures assis à votre bureau.
Vous imposez ainsi à votre corps une contrainte presque insupportable, qui se traduit par de nombreux dommages. L'homme n'est pas fait pour mener une vie sédentaire.

Le progrès technique, l'automatisation des tâches, la voiture nous ont certes rendu la vie plus facile mais ils nous ont aussi enlevé les occasions de nous dépenser physiquement et d'évacuer les tensions nuisibles.
Les exercices suivants forment un programme de dix minutes que les travailleurs assis peuvent accomplir à leur bureau pour soulager les points sollicités (cou, dos et épaules), apaiser leur esprit et tonifier leur organisme.

RESPIRER ENTRE LES ÉPAULES

En bougeant au rythme de votre respiration, vous pourrez réduire votre tension et votre raideur, améliorer votre concentration et élever vos niveaux d'énergie. Cet exercice est particulièrement recommandé aux personnes qui souffrent de dommages consécutifs à des tensions répétées. Il peut être pratiquer à tout moment de la journée et apporte un soulagement et un bien-être immédiat.

Instructions

1 Asseyez-vous, le dos droit, la poitrine bombée et les épaules tirées en arrière. Rentrez le ventre et les fesses. Éloignez vos pieds l'un de l'autre de la largeur du bassin, les orteils pointés droit devant. Si vos pieds ne reposent pas à plat sur le sol, appuyez-les sur des livres.

2 Croisez les doigts. Expirez et éloignez les mains de votre poitrine en les gardant à l'horizontale. Les paumes tournées vers l'extérieur, tendez les bras.

3 Inspirez et levez les bras au-dessus de la tête en dirigeant les coudes vers l'intérieur.

4 Expirez, gardez la position et tournez les coudes vers l'extérieur. Posez les mains sur le sommet du crâne, abaissez les épaules et pliez les bras.

5 Inspirez et relevez les bras. Vos pouces doivent être situés au-dessus de vos auriculaires.

6 Expirez et ramenez les bras vers l'avant.

7 Répétez le mouvement plusieurs fois d'affilée en inversant le sens du croisement de doigts à mi-parcours, de sorte que l'autre main soit placée sur le dessus.

Attention aux points suivants
- Gardez la poitrine bombée, même lorsque vous baissez les bras.
- Respirez par le nez sans retenir votre souffle, avec douceur, lenteur, profondeur et rythme.

EXERCICES DE DIX MINUTES • 69

A

RESPIRER ENTRE LES ÉPAULES

B

DÉVELOPPEMENT ET RENFORCEMENT DU THORAX

Cette position permet d'améliorer le maintien et accroît l'énergie en développant le thorax. Elle atténue la raideur et la tension des épaules, du haut du dos et du cou.

Instructions

1 Asseyez-vous au bord de votre siège, le dos droit, les pieds séparés l'un de l'autre par la largeur du bassin. S'ils ne reposent pas à plat sur le sol, appuyez-les sur des livres.

2 Posez les mains au fond de votre siège, les doigts dirigés vers l'avant. Baissez les épaules, pointez les coudes vers l'arrière et bombez la poitrine.

3 Inspirez, arquez le dos pour regarder le plafond et expirez. Gardez cette position tant qu'elle vous paraît confortable. Arquez le dos à chaque inspiration et maintenez-le ainsi à chaque expiration.

4 Inspirez, bombez la poitrine et arquez le dos. Répétez l'exercice deux fois.

Attention aux points suivants

- Gardez les épaules tirées vers l'arrière et le bas.
- Rentrez les omoplates dans le dos et tirez-les vers le bas.
- Veillez à bien rentrer le ventre et les fesses.

C

ASSOUPLISSEMENT DE LA COLONNE VERTÉBRALE

Cet exercice a un effet réparateur et tonifiant sur tout l'organisme. Il élimine les tensions qui affectent le dos, le cou et les épaules.

Instructions

1 Asseyez-vous, le dos droit, la poitrine bombée et les épaules tirées vers l'arrière. Rentrez le ventre. Éloignez les pieds l'un de l'autre de la largeur du bassin et dirigez les orteils droit devant. Si vos pieds ne reposent pas à plat sur le sol, appuyez-les sur des livres.

2 Inspirez en étirant la colonne vertébrale.

3 Expirez en vous tournant vers la droite. Saisissez le fond de votre siège de la main gauche. Posez la main droite sur la face externe de la cuisse gauche.

4 Inspirez et redressez-vous davantage. Expirez et tournez-vous encore plus. Sans forcer sur le cou, pivotez la tête vers la gauche pour regarder derrière vous.

5 Inspirez et redressez-vous. En expirant, reprenez votre position initiale.

6 Répétez l'opération vers la droite, puis l'ensemble à trois reprises et d'affilée. Essayez de vous tourner un peu plus à chaque fois.

Attention aux points suivants

- Répartissez votre poids sur les fesses, ne bougez pas les cuisses lorsque le tronc pivote.
- Gardez la poitrine bombée et la colonne vertébrale étirée pendant tout l'exercice.
- Détendez votre visage et desserrez légèrement les dents.

B

DÉVELOPPEMENT ET RENFORCEMENT DU THORAX

C

ASSOUPLISSEMENT DE LA COLONNE VERTÉBRALE

D

DÉCONTRACTION DU DOS

Cette flexion vers l'avant apaise l'esprit tout en atténuant la raideur du bas du dos, du cou et des épaules. Elle calme aussi les douleurs menstruelles et la tension abdominale, ainsi que les ballonnements et flatulences qui l'accompagnent.

Instructions
1 Asseyez-vous, le dos droit, les pieds éloignés l'un de l'autre d'une largeur supérieure à celle du bassin et les orteils dirigés vers l'avant (les femmes en jupe peuvent effectuer cet exercice sur le siège des toilettes).

2 Serrez les poings et posez-les de chaque côté du bas de l'abdomen. Inspirez et bombez la poitrine. Tout en expirant, laissez tomber la tête et les épaules vers l'avant. Les bras doivent reposer sur les cuisses.

3 Gardez cette position trente secondes ou plus en respirant doucement et en relâchant le dos, les épaules et le ventre à chaque expiration.

4 Inspirez pour vous redresser.

Attention aux points suivants
- Placez les poings de façon à soulever la chair de l'abdomen. De cette façon, vous agrandirez ainsi l'espace situé entre le ventre et les cuisses.
- Quand vous avez pris cette position, laissez la tête retomber lourdement vers l'avant et fermez les yeux.

E

SOULAGER LE COU

Cet exercice est particulièrement bénéfique parce qu'il détend les nerfs tout en apaisant la tension du cou et du haut du dos.

Instructions
1 Asseyez-vous, le dos droit et la poitrine bombée. Saisissez le fond du siège de la main gauche.

2 Inspirez et penchez légèrement la tête de côté, de sorte que le menton surplombe la clavicule droite. Posez la main droite sur le sommet du crâne et baissez lentement le menton en expirant.

3 Restez ainsi le temps de trois respirations douces et lentes. Gardez le dos tendu et le menton baissé de bout en bout.

4 Répétez l'opération de l'autre côté.

Attention aux points suivants
- Détendez le visage et la langue, desserrez légèrement les dents.
- Si vous sentez une gêne, n'insistez pas. Il vaut mieux abandonner l'exercice que risquer une blessure.

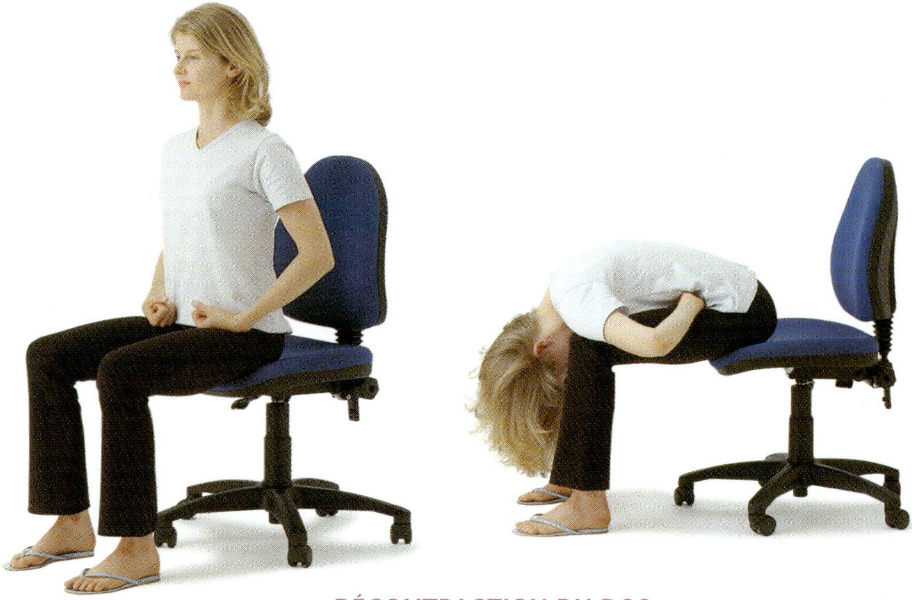

DÉCONTRACTION DU DOS

E

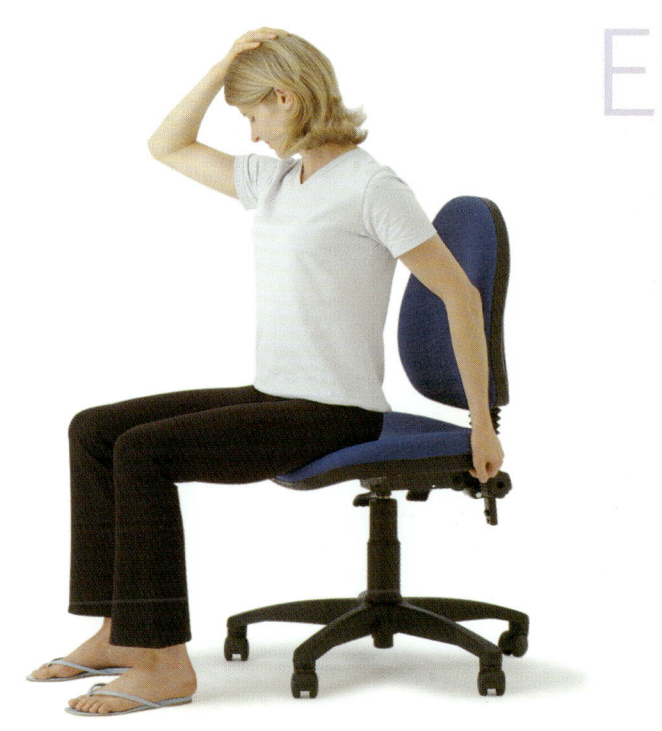

SOULAGER LE COU

savoir s'arrêter

Avoir du temps pour soi est essentiel pour gérer correctement son stress, et plus on mène une vie trépidante, plus on en a besoin. Avec la révolution électronique (courriel, ordinateur portatif et téléphone mobile), de plus en plus de personnes sont « connectées » en permanence, ce qui leur permet de travailler n'importe où et n'importe quand. Ce phénomène a pour avantage de les libérer de leur poste de travail, et pour inconvénient de les contraindre à rester partout disponibles. La frontière entre vie professionnelle et vie privée devient floue, voire inexistante. Or, la santé, le bonheur, les relations et les niveaux de stress pâtissent de cette confusion.

L'activité constante et la course incessante sont contre-productives. Quel que soit votre planning, prévoyez chaque jour plusieurs moments que vous consacrerez à vous-même. Si c'est possible, éloignez-vous de votre milieu de travail, la pause du déjeuner est idéale, pour marcher ou courir.

Si vous ne pouvez vous « échapper », débranchez pendant dix minutes tous les moyens de communication (électroniques, téléphoniques ou autres). La relaxation profonde (voir p. 82) vous permettra de vous rafraîchir l'esprit et d'évacuer la tension physique de tout votre corps. Mais vous préférerez peut-être vous délasser en écoutant une musique apaisante (voir p. 78) ou essayer l'un des exercices décrits dans les pages suivantes.

Savoir s'arrêter permet de recharger ses batteries, de préserver l'équilibre de sa vie, d'améliorer sa santé et de résoudre ses problèmes plus efficacement. Enfin, la compagnie de personnes non stressées est plus recherchée.

LA PAUSE DU DÉJEUNER

Si vous exercez un travail sédentaire, à l'intérieur d'un bureau, pensez à utiliser l'heure du déjeuner pour rompre votre rythme. Sortez pour marcher au bon air, recherchez les lieux apaisants, évitez les restaurants bruyants et enfumés, faites-vous plaisir en flânant dans les magasins, achetez-vous des fleurs et prenez le temps de savourer les aliments. Tous ces conseils feront de la pause du déjeuner un moment réparateur et constructif.

Il n'est pas indispensable de vous imposer des séances de gymnastique ou de courir à la piscine pour vous détendre, il suffit de sortir et de marcher d'un bon pas. Un changement de décor et une bouffée d'air frais aident à relativiser les problèmes. En outre, l'activité physique vous permettra de réduire votre stress, d'élever vos niveaux d'énergie et d'améliorer votre forme.

> Un changement de décor et un peu d'air frais aident à relativiser les soucis.

DIX MINUTES DE MARCHE ET DE JOGGING

La marche, si elle est pratiquée à vive allure, procure les mêmes bienfaits que le jogging. Le fait d'être dehors est également excellent pour le moral. Marchez dix minutes à vive allure et détendez-vous en respirant profondément au rythme de vos pas. Vous pouvez par exemple prendre une inspiration tous les quatre pas, une expiration tous les quatre autres pas, etc. Si vous préférez les exercices plus soutenus, alternez la marche et le jogging. Essayez d'éviter les rues encombrées et polluées. Si possible, choisissez un itinéraire agréable ou une destination telle un parc, un cours d'eau ou un endroit dégagé.

MANGER À L'EXTÉRIEUR

Si la météo est clémente, allez pique-niquer. Sinon, achetez un sandwich dans la boulangerie la plus proche et installez-vous pour le manger dans un endroit tranquille comme un parc, un jardin ou un square. Le simple fait d'être dehors abaissera vos niveaux de stress. Il faut savoir que les paysages naturels sont très apaisants. Si vous avez la chance de travailler à côté d'un lac, d'un cours d'eau, d'une forêt ou de la mer, courez-y vite. Vous pouvez également profiter de la pause de midi pour pratiquer la méditation sur l'alimentation évoquée à la page suivante.

MÉDITATION D'EXTÉRIEUR

Asseyez-vous dix minutes, contemplez la nature et laissez-vous absorber par votre environnement, tout en restant immobile. Prenez conscience des sons, des formes et des couleurs qui vous entourent, ou concentrez-vous sur un élément particulier (fleur, feuille, arbre, chant d'oiseau, bruit de l'eau qui court) en imaginant que vos soucis et votre stress sont emportés par le vent ou le courant.

Identifiez vos sensations. Votre souffle est régulier, votre corps et votre esprit sont tonifiés et détendus.

THÉRAPIE PAR L'ACHAT

Attention : ces conseils s'adressent uniquement aux personnes qui ne souffrent pas de la fièvre acheteuse ! Le shopping et le lèche-vitrines sont pour beaucoup des activités qui permettent de passer le temps et de se décontracter. Si vous profitez de la pause du déjeuner pour faire vos provisions, transformez cette habitude en thérapie par l'achat, à pratiquer avec modération.

Passez dix minutes dans les rayons d'une librairie proche de votre domicile ou de votre lieu de travail et parcourez tous les ouvrages qui vous intéressent. Une bonne lecture procure des heures de relaxation et de plaisir. Visitez les magasins de décoration, de gadgets, d'antiquités ou de brocante et attardez-vous sur les objets proposés. Imaginez l'endroit où vous pourriez les disposer ou ce que vous pourriez en faire. Redécorez en esprit votre intérieur pour faire fonctionner votre créativité. Si vous êtes passionné par la mode, perdez-vous parmi les portants et essayez les couleurs ou les mélanges de tonalités dont vous n'avez pas l'habitude. Il n'est pas nécessaire d'acheter.

LE POUVOIR DES FLEURS

Entrez chez le fleuriste pour vous offrir un bouquet de fleurs fraîches et odorantes. Les fleurs vous mettront de bonne humeur et permettront d'évacuer le stress instantanément et durablement.

MÉDITATION SUR L'ALIMENTATION

Cette pratique apaisante aide à digérer et à se relaxer. Elle permet également de se reconnecter sur le plaisir sensuel qui accompagne tout repas.

Pour méditer sur l'alimentation, asseyez-vous dans un endroit où vous ne serez ni dérangé, ni distrait. Vous pourrez ainsi vous

concentrer sur ce que vous faites et étudier les odeurs, les textures et les couleurs de vos aliments. Puis prenez de petites bouchées et mâchez-les lentement, profondément, en les faisant tourner dans le palais. Savourez les goûts qui envahissent votre bouche et absorbez-vous totalement dans le plaisir de boire et de manger.

GRANDS PLAISIRS ET PETITES QUANTITÉS

Si vous avez tendance à engloutir (c'est là un trait du type A), la méditation sur l'alimentation vous aidera à changer vos habitudes : vous mangerez plus lentement et en pleine conscience. La méditation sur la nourriture n'est pas à appliquer sur tout le repas ; une bouchée ou deux suffisent. Exercez-vous sur un morceau de fruit frais, de légume (le chou-fleur s'adapte étonnamment bien à cette expérience) ou de chocolat. Si vous vous laissez complètement aller au plaisir suscité par l'explosion de saveurs de ce dernier sur vos papilles, vous serez stupéfait par la plénitude qu'un seul carré vous apportera !

LA MUSIQUE ET LA DANSE

LA MUSIQUE ET LA DANSE SONT DES ALLIÉS PRÉCIEUX DANS LA LUTTE CONTRE LE STRESS. CES DEUX ARTS PERMETTENT DE RENOUER AVEC SES SENSATIONS INTÉRIEURES, DE SE RECENTRER SUR SON CORPS ET SES BESOINS. SI « LA MUSIQUE ADOUCIT LES MŒURS », EN ABAISSANT LES NIVEAUX DE STRESS ET EN LIBÉRANT LES ÉMOTIONS, LA DANSE, PEU IMPORTE QU'ON SOIT BON OU MAUVAIS DANSEUR, PERMET D'ÉVACUER LE STRESS ET APPORTE UN PLAISIR LUDIQUE ET SENSUEL.

Depuis toujours, la musique est associée en Orient aux rites méditatifs. En Occident, elle est associée aux cérémonies religieuses. Les pouvoirs thérapeutiques de la musique n'ont été découverts qu'au XVIIIe siècle. Des études récentes ont confirmé le pouvoir de la musique, surtout les pièces au tempo régulier sur l'inconscient humain.

ÉCOUTER DE LA MUSIQUE

La musique a le pouvoir d'engendrer des émotions, de communiquer certains états de conscience, de transmuer les sentiments et d'atténuer la tension intérieure. On sait aussi qu'elle procure des sensations plus fortes que la sexualité ou la drogue. Les dignitaires de toutes les religions ont depuis toujours compris l'extraordinaire pouvoir de la musique. Ils s'en servent pour attirer les fidèles, les émouvoir, purifier leur esprit et les faire approcher de la dimension divine.

De nombreuses études démontrent également que la musique a la capacité de faire baisser les niveaux de stress et l'anxiété. C'est la musique classique qui a l'effet le plus lénifiant ; certaines données tendent même à prouver qu'elle favorise l'activité cérébrale (on parle alors de l'« effet Mozart »). Mais dans la lutte contre le stress, n'importe quelle musique fera l'affaire, à condition qu'elle vous plaise.

SE METTRE AU DIAPASON

Si vous sentez un trop-plein d'émotion, écoutez d'abord une musique qui reflète votre humeur, puis une autre, plus apaisante et plus gaie. Le caractère relaxant d'une musique dépend des goûts de chacun. Choisissez donc vos CD, cassettes et albums préférés, ou essayez tout ou partie des œuvres classiques suivantes :
- la *Suite n° 3* de Bach ;
- la *Sonate pour violon et piano*, op. 24, de Beethoven ;
- le *Concerto pour piano n° 5*, dit « de l'Empereur », de Beethoven ;

L'émergence d'un état d'acuité intellectuelle et d'un sentiment de relaxation serait favorisée par un rythme lent et régulier. Lorsque nous écoutons ce type de musique, notre cerveau retient mieux les informations.

- la *Sonate pour piano n° 8, op. 13*, dite « Pathétique », de Beethoven ;
- la *Petite Musique de nuit* de Mozart ;
- l'*Ave Maria* ou l'*Impromptu n° 3, op. 142*, de Schubert.

Par ailleurs, sachez que certains enregistrements effectués dans la nature (chant des dauphins, clapotis des vagues, trilles des oiseaux, etc.), et disponibles dans le commerce, permettent d'évacuer le stress.

> On n'est jamais trop âgé pour danser ; peu importe les pas ou le rythme, l'essentiel est de se laisser porter par la musique.

FAIRE DE LA MUSIQUE

L'étude d'un instrument de musique est un excellent passe-temps, et un merveilleux décontractant ; la sollicitation intellectuelle permet à l'esprit de se détacher de tout. C'est ainsi un bon moyen d'exprimer et de transformer émotions ou sentiments. Dix minutes de pratique régulière abaisseront vos niveaux de stress et détendront votre esprit, tout en développant votre appréhension des autres formes de musique et la façon dont vous y réagissez.

DANSER SUR UNE MUSIQUE

Toutes les musiques de danse, qu'il s'agisse de salsa, funk-music, hip-hop ou de valse de Vienne, permettent au corps de se décontracter et de s'épanouir. Elles constituent un excellent moyen de relâcher la pression et d'évacuer le stress. On n'est jamais trop âgé pour se lancer et peu importe qu'on connaisse les pas. Chacun danse à sa façon, la règle étant qu'il n'y en a pas, surtout si l'on se trouve dans l'intimité d'un chez-soi.

Si vous souhaitez améliorer votre technique, vous pouvez vous inscrire dans un cours pour apprendre la danse classique, la jazz-dance, la samba ou le cha-cha-cha. Mais si vous souhaitez évacuer le stress en dix minutes, vous avez seulement besoin d'une musique soutenue par une forte rythmique. Bougez sur elle et laissez faire votre instinct.

SE CONSACRER À UN PASSE-TEMPS

La vie ne devrait pas se réduire à une succession de tâches plus ou moins répétitives. Malheureusement, beaucoup de personnes passent leurs journées à leur travail puis rentrent chez elles pour assurer les corvées domestiques, sans prendre le temps de se consacrer à une activité qu'elles aiment. Pourtant, celle que l'on accomplit sans contrainte mais par plaisir, permet d'éprouver une grande satisfaction et fait baisser les niveaux de stress.

En effet, c'est en se consacrant à d'autres centres d'intérêt que l'on se détend car l'esprit se détache des soucis et des sujets d'inquiétude. De plus, cette pratique fait fonctionner le cerveau, crée un équilibre de vie, permet de résister aux coups du sort comme la perte d'emploi ou les problèmes relationnels et « nourrit » l'individu.

LOISIRS PHYSIQUES OU INTELLECTUELS

Vous pouvez vous consacrer à un loisir même si vous ne disposez que de peu de temps. Certaines activités créatives ne nécessitent que quelques minutes ou quelques heures.

La musique, le chant et la danse ont toujours été de fabuleux moyens d'exprimer ses émotions et de libérer ses tensions. Les jeux permettent aussi de se déstresser après une dure journée de labeur. Installez une cage à buts au fond du jardin et ajustez quelques tirs, ou éliminez vos frustrations en frappant dans un punching-ball. Si vous aspirez à une activité plus cérébrale, pratiquez les échecs, mais vous y passerez sûrement beaucoup de temps.

LE JARDINAGE

Le jardinage est chez nous un véritable sport national. Cette activité est un moyen agréable et créatif de passer un certain temps dehors, ce qui, en soi, abaisse les niveaux de stress. Par ailleurs, elle permet d'aménager un cadre soigné où l'on peut se détendre et tout oublier. Pour créer un lieu sans stress, il n'est pas utile de disposer d'un grand espace, d'avoir la main verte ou de passer des heures à désherber, à tailler et à malaxer du compost. Avec un peu d'organisation, on peut aménager un jardin qui nécessite peu d'entretien et qui offre un cadre agréable où passer de bons moments.

CRÉER UN VÉRITABLE DÉCOR

Vous pouvez orner votre jardin d'une pièce d'eau. L'eau, et tout particulièrement l'eau courante, est facteur de sérénité. Creusez une mare et plantez-y des nénuphars, érigez une fontaine pour vous délasser en écoutant son gargouillis ou installez une pataugeoire pour les oiseaux.

Vous pouvez également installer une statue devant laquelle méditer, comme un Bouddha assis ou tout autre symbole de paix. Ajoutez à ce décor la musique d'un carillon éolien.

Et n'oubliez pas le principal : un siège de jardin accueillant où vous pourrez vous asseoir et vous délasser. Si l'espace le permet, fixez un hamac et vous constaterez que c'est un moyen de décompression parfait.

ÉCRIRE

Lorsqu'on est victime d'un grand stress mental ou émotionnel, l'un des meilleurs moyens de lâcher du lest et d'exprimer ce qu'on a sur le cœur consiste à coucher noir sur blanc ses sentiments ainsi que ses sujets d'inquiétude ou d'angoisse. L'écriture permet d'y voir plus clair et a un effet apaisant.

Il ne s'agit pas de passer de longues heures à s'analyser ou de coucher sur le papier tous ses sentiments. Dix minutes consacrées à écrire ou à taper sur un clavier contribuent à éclaircir les idées, à relativiser, et à ménager un espace entre soi et ce (ou ceux) qu'on perçoit comme source de difficultés.

PÉNÉTRER DANS SON INCONSCIENT

La tenue d'un journal intime ou l'écriture de ses pensées et sentiments vous aide à pénétrer dans votre inconscient. Vous verrez soudain les choses différemment et vous découvrirez des solutions à vos problèmes. Personne hormis vous ne doit avoir accès à ce que vous aurez écrit. Ne vous inquiétez donc pas du style… Laissez simplement ce qui vous vient à l'esprit s'écouler sur le papier à la manière d'un « courant de conscience » ou sous forme de fragments. Tenez un « journal intime du stress » ou adressez-vous à la personne considérée comme étant à l'origine de vos tracas. Évitez toutefois de lui envoyer la lettre !

METTRE DE L'ORDRE

Dans le feng-shui, le concept de mise en ordre prend des proportions véritablement religieuses. Mais les profits thérapeutiques tirés d'un bon rangement et d'un grand nettoyage ne datent pas d'hier… Le fait de vivre et de travailler dans un environnement chaotique est stressant et déstabilisant. L'action sur le désordre est source de plaisir, de libération, de relaxation et d'une authentique catharsis. En écartant le rebut matériel, on écarte aussi le rebut mental et émotionnel.

> Tenir un journal intime du stress est une première étape pour se libérer de celui-ci.

LA MÉTHODE

Passez dix minutes à trier les vêtements que vous ne portez jamais, les livres que vous n'ouvrirez plus, les documents qui ne vous sont plus nécessaires ou les cadeaux que vous n'avez jamais aimés, mais que vous avez gardés par habitude, parce qu'ils venaient de proches bien intentionnés, etc. À chaque fois, cantonnez-vous à un secteur précis (la penderie, la voiture, un tiroir de cuisine) et faites-y un grand ménage. Choisissez ce que vous voulez conserver, ce qui doit être donné aux organismes de charité et ce qui doit être jeté à la poubelle.

UN CERCLE VERTUEUX

En faisant le tri dans votre environnement, en le nettoyant et en l'organisant, vous obtiendrez un lieu de calme et de repos. Par osmose, vous vous sentirez plus net et plus léger à l'intérieur. Les niveaux de stress diminueront au profit des niveaux d'énergie.

LA RELAXATION PROFONDE

La relaxation profonde est une technique inspirée du yoga qui détend totalement le corps et l'esprit. Elle provoque un relâchement graduel de la tension musculaire accumulée dans chaque partie du corps. La décontraction corporelle entraîne celle de l'esprit, qui finit par s'apaiser. La relaxation profonde pourrait s'apparenter à un voyage qui vous conduira à un état de calme intérieur profond. Si vous arrivez à vous laisser aller complètement, vous arriverez à vous immerger dans la paix totale.

Instructions

1 Allongez-vous en position du cadavre (voir p. 39).

2 Fermez les yeux et concentrez-vous sur votre souffle. Respirez en profondeur et lentement, en comptant jusqu'à quatre à chaque inspiration, puis encore jusqu'à quatre à chaque expiration. Laissez ensuite votre souffle adopter un rythme léger, égal et détendu.

3 Portez votre attention sur l'évacuation de la tension en détendant chaque partie du corps, consciemment et l'une après l'autre. Commencez par les pieds et, après quelques instants, demandez-leur de lâcher prise. Détendez-les aussi profondément que possible, puis passez aux mollets et répétez l'opération.

4 Procédez de même sur tout le corps en détendant les cuisses, les fesses, les hanches, le ventre, le bas du dos, la poitrine, le haut du dos, les mains, les bras, les avant-bras, les épaules, la gorge, le cou et la tête.

> Vous devez détendre chaque partie de votre corps, consciemment, et l'une après l'autre.

Ce mode de relaxation supprime la fatigue et atténue le stress ainsi que les symptômes qui lui sont liés (maux de tête, migraines et insomnies). La concentration et l'observation sont les deux grandes techniques qui sont utilisées pour apaiser l'esprit. C'est en se concentrant sur la contraction et la relaxation progressive des muscles de votre corps et en observant les sensations qui les accompagnent que vous arriverez à vous apaiser.

Nous vous conseillons de pratiquer régulièrement les exercices décrits ci-contre. Prenez le temps de vous familiariser avec eux, vous arriverez ensuite à vous relaxer facilement.

> Quand on est détendu, le poids du corps doit peser lourdement sur le sol comme si on s'enfonçait.

5 Prêtez une attention toute particulière à l'art délicat de la relaxation faciale. Relâchez les mâchoires et la bouche en laissant vos lèvres s'écarter légèrement l'une de l'autre, et faites reposer votre langue sur la base du palais. Décontractez les joues, les yeux (en laissant ceux-ci s'enfoncer dans leurs orbites), les sourcils, le front et les tempes. Sentez la peau se détendre sur vos traits à mesure que les muscles faciaux se relâchent. Enfin, décontractez le cuir chevelu et tous les muscles de la tête.

> Pénétrer dans le silence de la méditation profonde demande de se laisser aller et d'être en paix.

6 Passez l'ensemble de votre corps en revue, de la pointe des pieds au sommet du crâne. Soufflez sur les poches de tensions qui pourraient subsister. À chaque expiration, expulsez le stress et détendez-vous.

7 Vous voilà complètement relaxé. Plus le poids de votre corps pèse sur le sol et plus vous vous sentez vous y enfoncer.

8 Prenez encore une fois conscience de votre souffle et gardez cette position cinq ou dix minutes de plus.

La technique de la relaxation profonde peut être associée à celle de la relaxation rapide (voir p. 106), qui fait appel à la tension, puis au relâchement des muscles de tout le corps. Commencez toujours par la relaxation rapide et poursuivez par la relaxation en profondeur. Si vous souhaitez vous relaxer rapidement et en profondeur, vous devez pratiquer assez souvent et assez longtemps les exercices que nous venons de décrire. Ainsi vous n'aurez plus à réfléchir à la technique, elle deviendra automatique, laissant votre esprit atteindre plus facilement la sérénité.

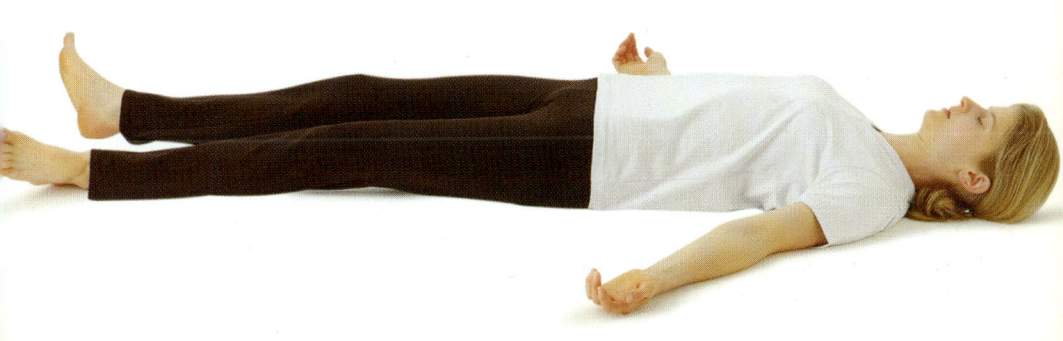

techniques rapides

Les exercices suivants, qui s'attaquent aux points les plus exposés à la tension (yeux, tête, cou, épaules et dos), proposent des remèdes efficaces pour soulager le stress et les douleurs. Peut-être serez-vous surpris d'apprendre que le traitement des maux de tête passe par le relâchement d'autres parties du corps. En réalité, ces troubles sont le plus souvent dus à une tension de l'arrière du cou.

Faites un bilan corporel (voir p. 102) pour corriger votre position, puis composez votre programme en fonction de vos besoins et du temps dont vous disposez. Vous pouvez également y associer des exercices respiratoires (voir p. 101) et une relaxation rapide (voir p. 106 et 107).

FATIGUE OCULAIRE

Le fait de conduire, de lire, de travailler sur écran, de regarder la télévision ou d'être fatigué peut contribuer à l'apparition de ces troubles. Ceux-ci sont encore aggravés par l'air conditionné, la pollution ou l'éclairage au néon.

Pour atténuer la fatigue de vos yeux :
- reposez-les par imposition des mains (voir ci-dessous) ;
- clignez des paupières pour les humecter lorsqu'ils sont secs ;
- faites de fréquentes pauses si vous travaillez sur ordinateur ou si vous conduisez sur de longues distances ;
- procédez à des aspersions d'eau (voir p. 60) ;
- maintenez vos yeux en forme grâce à des exercices réguliers.

Comme tous les muscles, ceux de l'œil ont besoin de travailler pour rester forts et sains. Les exercices décrits page 66 les fortifient, les soulagent et aident à prévenir la fatigue oculaire. Pratiqués une ou deux fois par jour, ils améliorent aussi la vue. Le traitement des maux de tête (voir p. 87) vous permettra également d'atténuer la tension oculaire. Terminez l'ensemble des exercices par une séance d'imposition des mains.

IMPOSITION DES MAINS

Cette technique, que l'on peut pratiquer allongé ou assis, détend et rafraîchit les yeux fatigués. Si vous êtes assis, les coudes doivent être soutenus, de sorte que le dos reste droit et que le cou, les épaules ou les bras ne subissent aucune pression.

Instructions

1 Asseyez-vous sur une chaise, les coudes posés sur la table ou le bureau. Ceux-ci doivent être suffisamment haut pour que vous puissiez mettre les mains sur les yeux sans vous courber. Si c'est nécessaire, rehaussez-les à l'aide de livres ou d'annuaires. Vous pouvez aussi vous asseoir par terre, dos au mur, et appuyer les coudes sur les genoux, ou vous allonger sur le dos, les jambes pliées et les pieds à plat sur le sol.

2 Frottez-vous les mains suffisamment vite pour en échauffer les paumes et mettez-les en coupe sur les yeux fermés. Seul le bord des paumes doit être en contact avec le visage. Les doigts sont superposés sur le front. Vous êtes dans le noir total.

3 Gardez cette position cinq ou dix minutes. Laissez la chaleur et l'obscurité soulager et détendre vos yeux.

4 Prenez conscience de votre souffle. Sentez vos yeux se fortifier à chaque inspiration et se détendre à chaque expiration.

IMPOSITION DES MAINS

L'ACUPRESSION

Semblable à celle du massage, cette technique ancestrale et naturelle fait appel à la pression du pouce et des autres doigts sur les points clés du corps pour en éliminer la tension et favoriser l'autoguérison. Suivez les instructions ci-dessous en effectuant des pressions d'au moins une minute.

● Respirez profondément et appuyez fermement les pouces sur le bord supérieur des orbites, le plus près possible de la racine du nez, en poussant vers le haut.

● À l'aide d'un seul pouce, appuyez fermement sur le point dit « du troisième œil ». Ce dernier est situé entre les deux sourcils, juste à la jonction du nez et du front.

L'ACUPRESSION

> L'acupression ou pression du pouce sur les points sensibles du corps permet d'en éliminer la tension. Les pressions doivent durer au moins une minute, la durée idéale est de trois minutes.

LES YEUX GONFLÉS

Pour faire dégonfler les yeux, buvez un verre d'eau chaude et étendez-vous dix minutes en position du cadavre (voir p. 39). Le liquide chaud stimule les reins et élimine l'eau retenue dans les tissus fragiles qui entourent les yeux. Toujours allongé, fermez les paupières et prenez conscience de votre souffle sans en modifier le rythme naturel. Si votre corps est tendu, pratiquez la relaxation musculaire en profondeur (voir p. 82).

MAUX DE TÊTE, RAIDEUR DU COU ET DES ÉPAULES

Les maux de tête ont des formes et des origines très différentes, mais ceux qui résultent d'une tension excessive proviennent principalement d'une raideur des muscles de la tête, notamment de la face, du cou et du crâne, elle-même due à une mauvaise position ou au stress. Ces maux de tête sont plus ou moins forts ; ils peuvent durer des jours, voire des semaines.

Les produits vendus en pharmacie soulagent la douleur, mais ne traitent pas la tension musculaire à l'origine du problème. En apprenant à reconnaître les premiers signes d'un mal de tête et en prenant des mesures rapides, vous pourrez souvent l'enrayer. Sans recourir aux médicaments, vous relâcherez les muscles grâce à des massages et des étirements doux, à un bain chaud ou à une relaxation profonde.

FLEXION EN AVANT, JAMBES CROISÉES ET TÊTE SOUTENUE

Cette position relaxante aide à combattre la raideur du cou et des épaules.

Instructions

1 Asseyez-vous en tailleur sur un coussin ferme, une couverture pliée ou un annuaire téléphonique, face à un soutien pour la tête. Celui-ci peut être offert par l'assise d'une chaise ou d'un canapé ou par une pile de livres. Il doit être suffisamment éloigné pour que vous puissiez étirer le dos et y poser confortablement la tête.

2 Penchez-vous en avant et posez la tête sur le support. Si nécessaire, rectifiez sa position ou la vôtre.

3 Laissez votre tête peser de tout son poids sur le support. Fermez les yeux, desserrez les mâchoires et détendez le visage. Gardez cette position de deux à cinq minutes.

Attention aux points suivants

- Décontractez les épaules. Sentez-les se relâcher et s'élargir.
- Décontractez l'arrière du cou et l'abdomen.
- La position doit être confortable. Rectifiez donc votre assise ou la position du support autant que nécessaire.

FLEXION EN AVANT, JAMBES CROISÉES ET TÊTE SOUTENUE

B

FLEXION À ANGLE DROIT AVEC SUPPORT DE TÊTE

Cette position apaise l'esprit. Le fait de poser la tête ainsi libère la tension des épaules et du cou. En appuyant le front sur le support, on fait aussi disparaître celle du visage, des yeux et de la tête.

Instructions

1 Posez une couverture pliée ou un coussin sur une table ou un plan de travail de cuisine afin de rendre ceux-ci moins durs et plus confortables.

2 Mettez-vous debout, les pieds séparés l'un de l'autre de la largeur du bassin et les orteils dirigés vers l'avant, à une trentaine de centimètres ou plus de la table.

3 Penchez-vous en avant et posez chaque main sur le coude opposé. Levez les avant-bras et, si possible, placez les coudes au-dessus de la tête. Posez le front contre les bras croisés ou, si vos épaules ne sont pas trop raides, sur la table en tendant les avant-bras. Rectifiez la position des pieds de sorte que le dos soit étiré et que les jambes soient à la verticale.

Attention aux points suivants

- Détendez les épaules. Sentez-les se relâcher et s'élargir.
- Décontractez l'arrière du cou et l'abdomen.
- La position doit être confortable. Rectifiez votre assise ou la position du support jusqu'à ce que vous trouviez la position dans laquelle vous êtes parfaitement à l'aise.

C

LES JAMBES AU MUR

Ce mouvement permet de développer le thorax et de décontracter les épaules, le cou ainsi que la tête. Il délasse également les pieds fatigués. Il procure une relaxation générale, surtout lorsqu'on l'associe à une prise de conscience du souffle. Attention ! Cet exercice est déconseillé aux femmes pendant la période des règles.

Instructions

1 Posez un coussin épais, un traversin ou une couverture pliée à quelques centimètres du mur et asseyez-vous parallèlement à celui-ci, les genoux contre la poitrine. Placez les mains derrière vous pour vous soutenir, levez les jambes et appuyez-les contre le mur tout en abaissant lentement le dos, les épaules, le cou et la tête vers le sol.

2 Rectifiez votre position de sorte que les fesses et les cuisses se trouvent contre le mur, ou tout près de lui, et que le bas du dos repose sur le support.

3 Placez les bras, paumes en l'air, sur le sol, de part et d'autre du support. Fermez les yeux et détendez-vous cinq minutes dans cette position. Respirez lentement et de façon égale.

4 Repliez les jambes, roulez sur un côté et redressez-vous pour reprendre la position assise.

B

FLEXION À ANGLE DROIT AVEC SUPPORT DE TÊTE

LES JAMBES AU MUR

D

AUTRES EXERCICES CONSEILLÉS

- L'exercice du lion atténue la tension de la langue, des mâchoires, de la poitrine et des muscles faciaux (voir p. 105).
- Les flexions pour salle de bains (développement de la cage thoracique, assouplissement des épaules et flexion à angle droit) permettent de traiter la raideur des épaules et du haut du dos (voir p. 54).
- Reportez-vous aux exercices décrits dans les parties, « Se déstresser au bureau » et « Pour les intoxiqués du travail ».
- La respiration nasale alternée (voir p. 112) permet de soulager les maux de dos et de cou.

E

AUTOMASSAGE

Les massages de la tête, du cou, du front et des tempes procurent un grand bien-être. Par ailleurs, ils aident les muscles à se décontracter et favorisent l'irrigation du cerveau.

- Posez les mains, doigts écartés, sur le devant, les côtés et le sommet de la tête, puis massez celle-ci en décrivant de petits cercles avec les pouces et l'extrémité des autres doigts, de sorte que la peau se soulève du crâne. Répétez l'opération avec la paume des mains.
- Comme lorsque vous vous lavez les cheveux, servez-vous de l'extrémité des doigts pour masser le cuir chevelu en petits mouvements circulaires.
- Comme s'il s'agissait des dents d'un peigne, passez les ongles dans vos cheveux, d'avant en arrière, puis du sommet du crâne vers les côtés, en longs mouvements glissants.

> Les huiles essentielles s'obtiennent par distillation des feuilles, des fleurs ou des tiges d'une plante.

F

L'AROMATHÉRAPIE

Littéralement, l'aromathérapie signifie soigner par les odeurs. Les huiles essentielles sont connues depuis l'Antiquité et aujourd'hui on continue de leur reconnaître de nombreuses vertus.

Les meilleures huiles permettant de traiter les maux de tête sont celles de lavande et de camomille ; toutes deux lénifiantes, elles sont aussi des antalgiques naturels. La menthe poivrée aide à lutter contre la douleur et permet la relaxation des muscles. Utilisez-les seules ou associez, à quantités égales, lavande et camomille ou lavande et menthe poivrée, puis :

- versez-en quelques gouttes sur un mouchoir de tissu ou de papier et inhalez ;
- versez-en deux ou trois gouttes dans une cuillerée d'huile de base (amande ou pépins de raisin) et massez-vous les tempes de ce mélange ;
- versez-en six à huit gouttes dans la baignoire pendant que vous faites couler l'eau, et détendez-vous dix minutes dans ce bain aromatique chaud.

L'ACUPRESSION

Cette technique, semblable à celle du massage, fait appel à la pression du pouce et des autres doigts sur les points clés du corps pour en éliminer la tension et favoriser l'autoguérison. Suivez les instructions ci-dessous ; les pressions doivent durer au moins une minute ; la durée idéale s'élève à trois minutes.

● Appuyez fermement l'index ou le majeur de chaque main de part et d'autre des deux muscles verticaux situés à la base du crâne.

Imprimez à vos doigts un mouvement circulaire et massez les côtés du cou en partant de ce point et en descendant vers les épaules.

● Appuyez fermement le pouce entre les sourcils, à la jonction du nez et du front (voir p. 86).

● À l'aide du pouce et de l'index d'une main, appuyez sur la chair qui sépare le pouce et l'index de l'autre main, juste au-dessus du muscle.

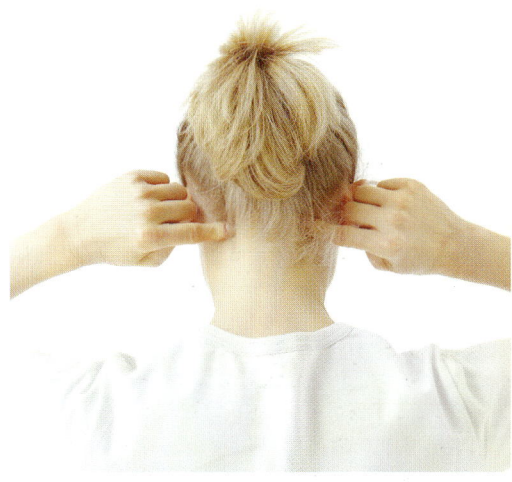

L'ACUPRESSION

L'acupression est l'aboutissement de quatre mille ans de médecine, de thérapie et de philosophie orientales.

LES DOULEURS DORSALES

Le mal de dos chronique est une des premières causes d'absentéisme dans les entreprises et il affecte la plupart des gens à un moment donné de leur existence.

Due à un mode de vie sédentaire, à l'inactivité et à une mauvaise position, la raideur du bas de la colonne vertébrale entraîne des douleurs dorsales qui peuvent s'installer et, faute de traitement, provoquer des troubles graves. Heureusement, la majorité de ces maux peut être guérie par la pratique régulière et contrôlée d'étirements et d'exercices appropriés, par l'adoption d'une bonne position (voir « Bilan corporel » p. 64 et 102). Les étirements doux permettent de soulager les douleurs dorsales avant qu'elles ne s'aggravent.

Pour obtenir une amélioration temporaire, réchauffez la région affectée, détendez-vous dans un bain d'huiles essentielles ou essayez l'acupression. Les mains peuvent en effet être utilisées comme des instruments pour soulager la douleur.

PRESSION DES GENOUX

Les exercices ci-dessous se fondent sur la technique du yoga qui prévient et soulage à merveille les maux de dos.

Se coucher sur le dos et amener les genoux vers la poitrine est un des meilleurs moyens de supprimer la tension, la raideur et le mal de dos. En pratiquant la variante dite « de la bascule », vous masserez doucement votre colonne vertébrale et assouplirez rapidement un dos contracté.

Instructions

1 Allongez-vous par terre, les jambes pliées et les pieds posés à plat sur le sol à proximité des fesses.

2 Expirez et amenez un genou à la poitrine. Pour le maintenir en place, saisissez-le à deux mains ou agrippez le haut du tibia.

3 Gardez quelques instants la position, relâchez et répétez l'opération avec l'autre genou.

4 Refaites ce mouvement deux fois de chaque côté, puis en maintenant les deux jambes.

5 Variante : si votre mal de dos n'est pas trop fort, inspirez et amenez d'abord les genoux à la poitrine, comme dans l'exercice précédent, puis le menton aux genoux. Reposez la tête au sol et basculez légèrement de côté et d'autre. Poursuivez en accentuant le mouvement, d'abord dans un sens, puis dans l'autre.

6 Expirez et revenez quelques instants en position de départ.

7 Tournez-vous sur le côté et reprenez avec précaution la position assise.

Attention aux points suivants

- Pour protéger les vertèbres, placez une couverture épaisse entre le sol et vous avant de basculer.
- Le mouvement de bascule doit être régulier, contrôlé et rythmé.

EXERCICES DE DIX MINUTES • 93

A

1

2

3

4

5

6

PRESSION DES GENOUX

B

FLEXION EN AVANT, POSITION AGENOUILLÉE

Cette position relaxante permet d'étirer la colonne vertébrale et de lui conserver sa souplesse. La bonne santé de la colonne vertébrale est capitale pour prévenir les maux de dos.

Instructions

1 Mettez-vous en position agenouillée (voir p. 38) en plaçant un coussin sous les fesses si nécessaire.

2 Si le mal de dos est violent, coincez également une couverture pliée ou une serviette épaisse entre le haut des cuisses et le bas du ventre.

3 Posez les mains devant vous et penchez-vous lentement jusqu'à ce que le front touche le sol.

4 Restez ainsi une minute ou deux, ou tant que vous n'en ressentez pas de gêne.

Attention aux points suivants :
- Si votre front ne touche pas le sol, posez-le sur un coussin ou un support quelconque.
- Après que le mal de dos a disparu, continuez à pratiquer l'exercice à titre préventif afin de garder une colonne vertébrale saine ; vous pouvez ne plus utiliser la serviette.

C

FLEXION EN AVANT, JAMBES CROISÉES

Cette position associe une flexion en avant avec appui et une légère torsion de la colonne vertébrale. Elle soulage et prévient le mal de dos, tout en renforçant l'élasticité de la colonne vertébrale.

Instructions

1 Asseyez-vous par terre sur un coussin ou tout autre support. Croisez les jambes au niveau des tibias, et non des chevilles, en plaçant la jambe droite sur la gauche.

2 Tournez-vous vers la droite et penchez-vous sur la jambe droite. Gardez la position d'une demi-minute à une minute.

3 Inversez le sens du croisement de jambes et répétez l'opération de l'autre côté.

Attention aux points suivants
- Si votre front ne touche pas le sol, utilisez une chaise, une pile de livres ou un autre support pour qu'il y repose.
- Lorsque vous vous penchez, ne levez pas la hanche opposée pour que la fesse de ce côté reste bien au sol.

EXERCICES DE DIX MINUTES • 95

FLEXION EN AVANT, POSITION AGENOUILLÉE

FLEXION EN AVANT, JAMBES CROISÉES

REPOS SUR UNE CHAISE

Cette position est idéale pour décontracter le dos et éliminer la pression de sa partie inférieure.

Instructions

1 Couchez-vous sur le côté, perpendiculairement à une chaise, un tabouret ou un canapé, les genoux ramenés sur la poitrine.

2 Pivotez sur le dos et posez les mollets sur le siège. Relaxez-vous ainsi cinq ou dix minutes.

3 Ramenez vos jambes sur la poitrine, remettez-vous de côté et reprenez la position assise avec précaution.

Attention aux points suivants :
- En posant un poids (coussin lourd, livre, gros paquet de riz ou de sucre) sur le ventre, vous soulagerez davantage le bas du dos.

POSITION ACCROUPIE

Un quart de l'humanité préfère s'accroupir plutôt que s'asseoir sur un siège à dossier. Cette position permet de préserver la force, la souplesse et la décontraction du dos.
En s'accroupissant souvent, on entretient aussi la santé de la colonne vertébrale, on prévient les douleurs dorsales et l'on fortifie les jambes, les chevilles ainsi que les pieds.
Enfin, on assouplit les hanches et les genoux. Les enfants du monde entier aiment s'accroupir mais les Occidentaux, en devenant adultes, perdent cette habitude.

Précautions à prendre

Il vaut mieux éviter de pratiquer cet exercice si vous souffrez de fortes douleurs dorsales ou si vous avez les genoux fragiles.
Commencez à pratiquer lorsque la crise sera passée ; cette précaution vous évitera tout problème ultérieur.
Ne restez pas longtemps en position accroupie si vous êtes sujet aux varices. Celles-ci peuvent vous rendre la position très inconfortable car elle bloque la circulation sanguine.

Instructions

1 Mettez-vous debout, jambes parallèles et pieds légèrement écartés, en appuyant les talons sur un livre épais ou un annuaire si nécessaire.

2 Baissez-vous de façon à vous asseoir sur les talons.

3 Éloignez légèrement les genoux l'un de l'autre, appuyez-y les coudes et croisez les doigts. Gardez cette position une minute ou deux, ou tant qu'elle vous semble confortable.

Attention aux points suivants
- Si vous avez besoin de vous retenir à quelque chose pour vous baisser, agrippez le dossier d'une lourde chaise ou le bord d'une table.
- Si vous souffrez des genoux, ne vous baissez qu'à condition de ne ressentir aucune gêne et aucune douleur. Si vous avez peur d'avoir mal, il vaut mieux vous abstenir de pratiquer l'exercice. Vous risqueriez en effet d'être trop tendu et de vous blesser.

EXERCICES DE DIX MINUTES • 97

D

REPOS SUR UNE CHAISE

E

POSITION ACCROUPIE

F

AUTRES EXERCICES CONSEILLÉS

- Flexions pour salle de bains (flexion à angle droit en tournant les orteils vers l'intérieur – voir p. 56).
- « Pour les intoxiqués du travail », pratiquez l'assouplissement de la colonne vertébrale et la décontraction du dos en coinçant une serviette épaisse ou une couverture pliée entre le haut des cuisses et le bas du ventre, voir p. 68 et 94.

G

BAIN AUX HUILES ESSENTIELLES

La chaleur, qui soulage et détend les muscles raides, atténue aussi les maux de dos. L'une des façons les plus relaxantes de le prendre consiste à rester dix minutes dans un bain chaud où vous aurez versé quelques gouttes de lavande, d'eucalyptus, de romarin de gingembre ou d'une autre huile essentielle (voir p. 112). Ces huiles sont connues pour leur action sur les douleurs musculaires.

H

BOUILLOTTE AROMATISÉE

Vous pouvez également, dans un second temps, vous allonger sur le ventre, par terre ou sur un matelas très ferme, dans une pièce chaude et sans courants d'air. Coincez une couverture pliée sous votre abdomen pour vous soutenir et redresser légèrement votre dos, placez une bouillotte enveloppée dans une serviette sur la région douloureuse et posez la tête sur les bras. Pour accentuer la relaxation, faites pénétrer quelques gouttes d'huile essentielle (voir ci-dessus) mélangée à une huile de base (amande) en massant la partie concernée avant d'y placer la bouillotte. Détendez-vous dix minutes dans cette position.

Pour préserver les précieuses qualités des huiles essentielles, achetez-les en petite quantité et conservez-les à l'abri de la lumière.

L'ACUPRESSION

Cette technique, qui fait appel à la pression du pouce et des autres doigts sur les points clés du corps pour en éliminer la tension et favoriser l'autoguérison, permet également de relâcher la tension musculaire du bas du dos.

- Assis sur une chaise ou allongé par terre, jambes pliées et pieds à plat sur le sol, appuyez fermement l'extrémité des doigts, trois centimètres au-dessous du nombril, pendant une minute.

- Allongé par terre sur le dos, jambes pliées et relevées de sorte que les tibias soient parallèles au sol, appuyez fermement l'extrémité des doigts dans le creux situé sur la face arrière du genou, pendant une minute. Ce faisant, amenez les jambes vers vous, puis éloignez-les en vous aidant des bras, pour accentuer la pression.

en cas d'urgence

Lorsqu'on se trouve confronté à une situation déstabilisante ou menaçante, on ne dispose pas toujours de dix minutes pour lutter contre le stress. Pourtant, il vaut mieux éviter d'agir sur un coup de tête, à moins d'y être poussé par un danger physique immédiat, et suivre les conseils ci-dessous.

Les instructions suivantes, sans se substituer aux exercices réguliers ni à la relaxation mentale, vous éviteront de perdre tous vos moyens et vous permettront de rester maître de vous.

Vous pourrez pratiquer la majorité des techniques de relaxation rapide au travail, au volant ou lors d'un dîner, dès que vous éprouverez le besoin d'évacuer un stress. Prenez le temps de vous libérer de ce dernier et de vous détendre complètement dès que possible.

RESPIRER PROFONDÉMENT

LE SOUFFLE, C'EST LA VIE. NOUS RESPIRONS NATURELLEMENT SANS Y PENSER MAIS NOUS RESPIRONS MAL ET SUPERFICIELLEMENT. LORSQUE NOUS NOUS LAISSONS ENVAHIR PAR LE STRESS, NOTRE SOUFFLE SE FAIT COURT ET HALETANT, RENFORÇANT ENCORE NOTRE MALAISE ET NOTRE SENTIMENT DE FAIBLESSE, VOIRE DE PANIQUE.

La respiration profonde est le moyen d'évacuer le stress le plus rapide et le meilleur qui soit. En outre, elle présente l'avantage de pouvoir être utilisée n'importe où et n'importe quand !

Pour traiter une urgence, recourez à l'une des techniques suivantes, assis ou debout, les épaules relâchées et le dos bien droit. Respirez par le nez et non par la bouche. Si vous maîtrisez la respiration abdominale ou totale (voir p. 113 et 121), adoptez-la pour augmenter l'effet de soulagement.

- Concentrez-vous sur votre souffle, inspirez lentement et profondément en comptant jusqu'à quatre (l'équivalent de quatre secondes), puis expirez doucement en comptant jusqu'à huit. Répétez l'opération deux ou trois fois, respirez normalement et reprenez l'exercice.
- Inspirez lentement et profondément en comptant jusqu'à quatre (l'équivalent de quatre secondes), retenez votre souffle sans forcer pendant quatre autres secondes et expirez en comptant jusqu'à quatre. Répétez le tout plusieurs fois.
- Fermez les yeux si possible et respirez deux ou trois fois profondément. À chaque expiration, sentez à quel point vous évacuez la tension ; à chaque inspiration, sentez à quel point vous êtes rafraîchi et tonifié.
- Concentrez-vous sur votre plexus solaire (entre le nombril et le sternum) en prenant conscience du gonflement de votre abdomen à chaque inspiration et de son rétrécissement à chaque expiration. Répétez-vous : « Tout va bien, je suis calme ».

Les techniques du contrôle de la respiration sont indispensables pour atteindre le contrôle de ses émotions et l'apaisement mental.

LE BILAN CORPOREL

Lorsque nous devons affronter une situation stressante, que la menace soit mentale, émotionnelle ou physique, notre corps réagit de la même manière : il nous prépare au combat ou à la fuite. Prêts pour la course, les muscles se tendent ; prêtes pour la lutte, les mains, les mâchoires et les dents se serrent. Ce réflexe primitif, qui rendait de grands services à nos ancêtres, n'est plus adapté à notre vie moderne.

Les pressions du travail et les souffrances émotionnelles s'impriment profondément dans notre corps : lèvres serrées, épaules voûtées, cou raide, maux de tête ou rigidité de la mâchoire. L'excès de tension, qui se manifeste à travers des douleurs et des maux divers, transparaît dans notre maintien et notre expression. Si nous sommes stressés, nous avons une apparence crispée ou inquiète.

Le bilan corporel que nous vous proposons va vous permettre de vous mettre rapidement en harmonie avec votre corps.

Vous devez tout d'abord prendre conscience de votre tension, l'évacuer, corriger votre posture et vous décontracter.

Avec un peu de pratique, vous arriverez à effectuer ce bilan, quel que soit l'endroit où vous vous trouvez, que vous soyez debout ou assis (voir p. 64 la variante assise).

L'INFLUENCE DE LA POSTURE

Le recours régulier à cet examen vous permettra d'évacuer le stress instantanément, vous mettra en contact avec votre corps et vous donnera de bonnes habitudes en matière de maintien. Le fait de se tenir correctement, que l'on soit assis ou debout, accroît l'énergie et rend positif. De plus, votre maintien a une influence sur la façon dont on vous perçoit ; lorsque vous vous tenez droit, vous paraissez détendu et confiant.

Au début, mettez-vous debout et de profil, face à un grand miroir. Étudiez votre allure. Quelle photo lui correspond-elle le mieux ?

- Position debout incorrecte : le bas du dos est trop arqué et le bassin est projeté vers l'avant.

- Position debout correcte : le bassin est centré et la colonne vertébrale étirée.

Instructions

1 Où que vous soyez, commencez par vous mettre debout et portez votre attention sur votre corps. Parcourez-le en esprit de la tête aux pieds et remarquez les points de déséquilibre ou de tension. Essayez de trouver les raisons de l'apparition de ces déséquilibres.

2 En inspirant profondément, laissez les bras et les mains pendre sur les côtés. Joignez les pieds, de sorte que le poids du corps se répartisse uniformément sur eux.

3 Expirez totalement, tendez les épaules vers l'arrière et le bas, puis étirez doucement la colonne vertébrale ainsi que l'arrière du cou. Sans bouger le menton, rétroversez le bassin (imaginez que vous avez une queue et que vous essayez de la rentrer entre vos jambes).

4 En respirant avec lenteur et régularité, rectifiez la position et continuez à vous étirer. Le poids du corps doit maintenant se concentrer sur le bassin. La tête est en équilibre confortable sur le cou, de sorte qu'ils se trouvent tous deux dans l'axe de la colonne vertébrale, du bassin, des jambes et des pieds. Cette ligne est souple, mais non rigide.

5 Détendez le visage. Laissez les lèvres s'écarter légèrement et votre langue reposer sur la base du palais. Décontractez les mâchoires et la poitrine, souriez intérieurement.

6 En esprit, repassez votre corps en revue en notant les points de tension. Lorsque vous en identifiez un, soufflez sur lui. Insufflez l'énergie et expulsez le stress. Pensez que votre souffle est bienfaisant et qu'il a du pouvoir sur votre corps.

Vous devez vous sentir équilibré, positif, confiant et détendu. Mettez en pratique les principes d'un bon maintien (dos droit, équilibre et bonne répartition du poids) quand vous marchez, quand vous vous asseyez ou quand vous vous livrez à toute autre activité.

L'INFLUENCE DE LA POSTURE

DES VAPORISATIONS CONTRE LE STRESS

L'INFLUENCE DES ODEURS SUR L'ÊTRE HUMAIN ET SON COMPORTEMENT EST DE PLUS EN PLUS CONNUE. LE DÉVELOPPEMENT DE L'AROMATHÉRAPIE, THÉRAPEUTIQUE BASÉE SUR LES ODEURS, VA DANS CE SENS. LES TRAVAUX SCIENTIFIQUES CONFIRMENT CE QUE NOUS AVONS TOUJOURS SU INSTINCTIVEMENT : UNE ODEUR AGRÉABLE EXERCE INSTANTANÉMENT UNE INFLUENCE POSITIVE SUR LA FAÇON D'APPRÉHENDER LA VIE ET PEUT DONC RÉDUIRE LE STRESS.

Faites disparaître en un instant le stress en vaporisant des huiles essentielles lénifiantes dans votre environnement. D'excellents produits (crèmes, gels ou sprays) prêts à l'emploi sont disponibles dans le commerce. Vous pouvez aussi acheter un atomiseur et composer votre propre mélange. L'huile de lavande est très versatile ; elle élimine immédiatement la plupart des symptômes du stress et se marie facilement à d'autres huiles. Associez-la au bois de santal et à la rose, ou au bois de santal et au géranium, et vous vous relaxerez aussitôt. Les huiles suivantes sont particulièrement appropriées pour traiter certains symptômes :

- basilic, eucalyptus, menthe poivrée pour les maux de tête ;
- camomille, menthe poivrée pour les migraines ;
- camomille, sauge, romarin pour les tensions musculaires ;
- néroli, bois de rose, bois de santal pour l'irritabilité ;
- sauge, mélisse, néroli, bois de rose, patchouli pour l'anxiété ;
- bergamote, romarin pour l'apathie.

Gardez un vaporisateur dans votre sac ou votre poche et parfumez vos tempes, le lobe de vos oreilles ou la face interne de vos poignets. Pour obtenir un soulagement supérieur, massez-vous doucement les tempes ou l'arrière du cou. Vous pouvez également verser deux ou trois gouttes de votre fragrance ou de votre mélange sur un mouchoir. Dès que vous aurez besoin d'un petit remontant ou d'évacuer le stress en urgence, vous en prendrez une profonde inhalation.

Pour fabriquer un litre d'huile essentielle de rose, il faut utiliser une tonne de pétales de cette fleur.

SOURIRE, RIRE ET RUGIR

Par le simple fait de jouer sur votre expression faciale ou de rire (même d'un rire forcé), vous pourrez en quelques instants changer d'humeur et évacuer la tension ou les idées négatives. Si vous êtes trop stressé pour sourire ou pour rire, alors rugissez !

SOURIRE JUSQU'AUX OREILLES

Il est impossible de se sentir malheureux ou stressé lorsqu'on sourit jusqu'aux oreilles. Si vous n'y parvenez pas, faites semblant et le vrai sourire de plaisir viendra tout naturellement. Même feint, le sourire change aussitôt votre état d'esprit et vous donne immédiatement une meilleure opinion de vous-même. Le sourire déclenche un cercle vertueux. Souriez et vous verrez le monde vous sourire.

RIRE À GORGE DÉPLOYÉE

Un bon rire de gorge est non seulement un euphorisant naturel - il stimule la production d'endorphines - mais aussi un excellent moyen de se relaxer et d'évacuer le stress. Entre autres avantages, il a celui de faire travailler les muscles de la face, du cuir chevelu, du cou, du torse, des épaules, des bras et des jambes. En outre, il interrompt la production des hormones du stress et vous rajeunit à l'intérieur comme à l'extérieur.

RESTER SENSIBLE AU COMIQUE DE LA VIE

Inutile de se doter d'un vaste répertoire d'histoires drôles ou d'avoir un esprit pétillant… Tout ce dont vous avez besoin, c'est de voir le comique de la vie et des situations stressantes. Si vous n'arrivez pas à émettre un vrai rire de gorge, agissez comme dans le cas précédent : faites semblant et il se présentera tout seul. Même forcé, le rire est contagieux.

RUGIR COMME UN LION

Parce qu'il donne au visage une expression grotesque, surtout si on pense à l'effet produit par la langue pendante, le rugissement en public implique un certain courage. Cela dit, ce procédé est un merveilleux antidote au stress car il fortifie, tonifie et détend la langue, les mâchoires, les lèvres, la poitrine et les muscles faciaux. Pratiqué régulièrement, il permet non seulement d'évacuer le stress, mais aussi de faire travailler le visage, donc de l'embellir. On prétend en outre qu'il améliore la qualité de la voix et qu'il prévient ou guérit les maux de gorge.

EXERCICE PRATIQUE

Agenouillez-vous (voir p. 38), les mains à plat sur les cuisses. Prenez une profonde inspiration, puis expirez de toutes vos forces jusqu'à ce que vos poumons se soient vidés, tout en produisant le son « aaarh ». En même temps, ouvrez les yeux et la bouche au maximum, tirez la langue le plus possible, comme pour rugir en silence, raidissez les bras, écartez les doigts les uns des autres et tendez tout le corps. Conservez cette attitude le plus longtemps possible, puis refermez la bouche et respirez par le nez. Après quelques respirations normales, répétez l'opération. En principe, le rugissement s'effectue à genoux. En cas d'urgence, on peut toutefois le pratiquer dans n'importe quelle position confortable, par exemple assis au bureau ou au volant.

RELAXATION RAPIDE 1

La relaxation rapide est particulièrement bien adaptée au monde contemporain où la vitesse et la rentabilité sont érigées en valeurs suprêmes. Elle peut apporter une aide précieuse aux problèmes ponctuels de stress et permettre de traverser au mieux des situations d'urgence.

La relaxation profonde demande un peu de temps mais on peut obtenir une relaxation rapide en tendant, puis en relâchant certains groupes de muscles. Les conseils suivants permettent d'opérer une relaxation rapide en position du cadavre (le pratiquant est allongé par terre). Cette méthode peut facilement s'adapter à la position assise ou debout.

« Restez au centre de votre être, car plus vous vous en écarterez et moins vous apprendrez. » Cette maxime du philosophe chinois et fondateur du taoïsme, Lao Tseu, souligne l'importance de la concentration.

Instructions

1 Allongez-vous par terre en position du cadavre (voir p. 39).

2 Inspirez profondément par le ventre et soulevez les jambes ainsi que les pieds à quelques centimètres du sol. Ce faisant, raidissez-les. Gardez cette position pendant cinq ou six secondes, puis expirez et reposez les jambes à terre.

3 Inspirez et levez les fesses en contractant les muscles, puis expirez et relâchez. Procédez de même avec les bras et les mains fermées en poings, puis avec le buste.

4 Pour finir, inspirez, ouvrez les yeux et la bouche au maximum, tirez la langue à la façon du lion (voir page précédente), le tout sans soulever la tête. Expirez et détendez-vous. Puis inspirez de nouveau et contractez les traits du visage comme pour inverser l'expression du lion. Expirez et relâchez.

5 Restez quelques instants en position allongée et décontractez-vous totalement. Sentez la lourdeur de votre corps qui s'enfonce dans le sol.

6 Pour mettre fin à la relaxation, pliez les jambes en gardant les pieds à terre, roulez sur un côté et poussez sur l'autre bras pour vous redresser.

RELAXATION RAPIDE 2

Pour parvenir à une relaxation encore plus rapide, au lieu de contracter et de relâcher les groupes de muscles, allongez-vous en position du cadavre comme indiqué précédemment, inspirez et levez en même temps les jambes, le buste et les bras à quelques centimètres du sol. Maintenez cinq ou six secondes la tension de tout le corps, expirez et relâchez.

Si vous ne pouvez vous allonger, adoptez la technique consistant à contracter et à décontracter tous les muscles pour évacuer la tension physique, et ce dans n'importe quelle position.

La position du cadavre permet de se relaxer rapidement. Elle est également souvent utilisée avant ou après une méditation en position assise. Il faut s'étendre par terre, de préférence sur une natte, une couverture pliée ou un matelas ferme.

se déconnecter

Au lieu de se relaxer après le travail, de nombreuses personnes consacrent une bonne partie de leurs loisirs à penser aux questions et aux difficultés qui lui sont liées. Cette attitude extrême débouche parfois sur l'élaboration de solutions constructives. Mais paradoxalement, vous serez plus à même de résoudre un problème de manière efficace et créative si vous vous êtes détendu et si vous avez cessé de ruminer vos problèmes.

Si le stress professionnel domine votre vie privée, établissez des rituels qui vous aideront à vous déconnecter du travail et serviront d'introduction à votre temps libre. Le grand verre de gin-tonic a fait ses preuves, mais n'oubliez pas que le stress peut entraîner une dépendance vis-à-vis de l'alcool et qu'il existe des solutions plus saines.

Pour vous aider à vous détacher des affaires du jour, passez dix minutes, avant de quitter votre lieu de travail

du travail

ou à votre arrivée chez vous, à les examiner et à préparer celles du lendemain.

Si vous êtes confronté à des questions insolubles, discutez-en pendant dix ou vingt minutes avec un collègue ou un ami, puis laissez le travail derrière vous et relaxez-vous.

Si vous êtes resté assis la majeure partie de la journée, allez courir ou faites de l'exercice à la maison. Bien que, selon la coutume, les salutations au soleil (voir p. 48) se pratiquent le matin, vous pouvez les faire à tout moment de la journée. Après une dure journée de labeur, l'un des meilleurs modes de relaxation consiste à se plonger dans un bain chaud ou à pratiquer des exercices d'apaisement du souffle, et à méditer. Essayez au moins de vous consacrer dix minutes avant de reprendre d'autres activités.

PROGRAMMER SA JOURNÉE

La gestion du temps est un vrai travail. Les personnes qui utilisent leur temps avec sagesse et efficacité sont plus productives et s'évitent une tension inutile. « Occupation » n'est pas synonyme de « stress ». Si vous gérez bien votre planning, vous trouverez le temps de travailler, mais aussi de vous relaxer et de vous amuser.

Prendre le temps demande du temps… Consacrez dix minutes à passer en revue les événements du jour, à préparer ceux du lendemain et à fixer vos priorités.
Si vous n'y parvenez pas avant de quitter votre lieu de travail ou à votre arrivée chez vous, faites-le au moment du lever ou profitez de votre temps de transport pour réfléchir à votre programme. Une fois que vous aurez établi votre programme, rangez-le dans un coin de votre tête et n'y pensez plus. L'espace ainsi libéré des soucis du lendemain vous permettra de profiter pleinement de vos moments de détente.
Les conseils suivants vous donneront un canevas pour organiser votre journée.

- Établissez une liste « À faire » où vous noterez les tâches et les projets que vous devez ou voulez mener à bien.
Équilibrez-la en ponctuant le travail de moments consacrés aux loisirs, à la relaxation et aux exercices physiques.
Prévoyez également une série de souhaits où figurera tout ce que vous feriez si vous en aviez le temps.
- Reprenez cette liste et, à l'aide d'un surligneur ou d'un code (par exemple A-1, A-2, etc.), isolez les urgences absolues, à traiter impérativement dans la journée.

Puis, à l'aide d'une autre couleur ou d'un autre code (par exemple B-1, B-2, etc.), isolez les urgences relatives, à traiter dans les jours à venir. À l'aide d'une troisième couleur ou d'un troisième code (par exemple C-1, C-2, etc.), isolez les non-urgences (qui ont toutefois leur importance).
- Commencez par les urgences absolues et estimez le temps nécessaire à les traiter.
- Programmez votre journée et, si possible, casez en début de matinée, au moment où vous êtes bourré d'énergie, les tâches et les projets qui demanderont du temps.
Les petites tâches ou les gestes routiniers passeront ensuite.
On travaille mieux lorsqu'on est frais et détendu. Veillez donc à vous ménager des pauses destinées à souffler, à faire de l'exercice, à pratiquer la méditation et à évacuer le stress en dix minutes.
- Groupez les gestes routiniers (lecture du courrier et du courriel, écoute des messages téléphoniques, etc.) au lieu de vérifier constamment si on vous a contacté.
En général, trois fois par jour suffisent.
- Consacrez au moins 10 % de la journée à régler les tâches imprévues.

> Savoir gérer son temps demande du temps. Prenez dix minutes par jour pour établir la liste de vos priorités.

Après avoir parcouru votre liste, vous pouvez utiliser ces affirmations en guise de renforcement positif :

- « J'atteins mes objectifs/J'accomplis mes tâches avec calme et rapidité ».
- « Je suis organisé et je gère mon temps avec efficacité ».
- « J'apprécie le défi qui consiste à agir ».

Vous pouvez aussi formuler d'autres affirmations, de votre choix.

Pendant la journée, ajoutez à la liste les tâches qui se présentent et rayez-en celles qui sont accomplies. Ne transigez pas sur le traitement des urgences absolues. Le soir ou le lendemain matin, au moment de programmer votre nouvelle journée, passez la liste en revue et actualisez-la.

Cet emploi du temps vous satisfait-il ?

Si vous n'avez pas traité les urgences absolues, demandez-vous pourquoi.

Vous êtes-vous lesté d'une charge de travail déraisonnable ou vous a-t-elle été imposée ? Si oui, pouvez-vous déléguer certaines tâches ? Pouvez-vous discuter de cette surcharge avec votre patron ou votre chef ?

Êtes-vous constamment interrompu par des coups de fil sans importance ou par des gens qui s'arrêtent pour vous parler ou vous demander conseil ?

Si oui, fixez des limites en précisant les moments où vous êtes disponible, mais aussi ceux où vous êtes occupé et où personne ne doit vous déranger (vous avez besoin de concentration ou vous vous consacrez quelques instants). Branchez votre répondeur téléphonique.

Si la même urgence relative ou la même non-urgence réapparaît à la même place au fil des jours ou des semaines, confiez-la à quelqu'un, traitez-la ou programmez-la pour plus tard dans votre agenda, à une date que vous respecterez impérativement (sauf en cas d'urgence absolue).

Retardez-vous une prise de décision ?

Si vous disposez de toutes les données nécessaires, évitez de la remettre à plus tard. Les problèmes non réglés accroissent la tension et la dépense d'énergie.

Dernière question, et non des moindres : avez-vous réalisé l'un de vos souhaits ? Donnez-vous pour objectif d'en rayer chaque jour au moins un de la liste, même un tout petit…

N'oubliez pas de mettre dans votre liste d'objectifs les moments de pause et de détente. Ils vous aideront à atteindre vos buts. Réservez 10 % du temps de votre journée au règlement des tâches imprévues.

SE DÉTENDRE DANS UN BAIN AROMATIQUE

Un bain chaud et parfumé est souverain pour dénouer les nerfs en pelote et reposer les corps fatigués par une journée de stress. Faites de votre salle de bains le sas de décompression entre travail et maison.

> Les huiles essentielles sont très concentrées en principes actifs et pénètrent rapidement dans l'organisme.

Rendez votre salle de bains accueillante et chaleureuse, éteignez la lumière, tamisez-la ou allumez des bougies. Ajoutez à l'eau du bain des huiles essentielles (voir p. 98) ou des sels, allongez-vous et décontractez-vous. Écoutez votre musique préférée ou profitez du silence en fermant les yeux et en sentant la chaleur du bain vous envahir. Imaginez vos tracas emportés par le flot.

LES HUILES ESSENTIELLES

De nombreuses huiles essentielles favorisent la détente. Citons la bergamote, la camomille, la sauge, le géranium, la lavande, le citron, la marjolaine, le néroli, le patchouli, la rose, le bois de santal et l'ylang-ylang. Pour préparer un bain aromatique, versez-y de six à huit gouttes tout en faisant couler l'eau et mélangez bien avant de vous y plonger. Les huiles de bergamote, de géranium, de lavande, de rose et de bois de santal sont très parfumées ; pour obtenir un bain relaxant, on peut les utiliser seules ou les associer à d'autres huiles.

COMMENT COMPOSER SON MÉLANGE

Pour réaliser votre composition, laissez-vous guider par votre nez. Sachez cependant qu'un bon mélange comprend toujours de la lavande ou du citron. Pour combattre le stress, la lavande s'harmonise merveilleusement bien à la camomille, au géranium, à la rose, au bois de santal ou à l'ylang-ylang. Pour obtenir un cocktail un peu plus exotique, pensez à unir le patchouli à l'ylang-ylang. Lorsque vous associez deux huiles, versez quatre gouttes de chacune d'elles dans l'eau du bain.

Pour réaliser un mélange relaxant et parfumé de trois huiles, versez trois gouttes de chacune d'elles. Votre choix se portera sur la rose, l'ylang-ylang et le bois de santal ; la rose, la lavande et le bois de santal ; ou la camomille, le bois de santal et l'ylang-ylang.

Après le bain, ajoutez le même mélange d'huiles à votre lotion corporelle et faites-la pénétrer par massage en partant des pieds et en remontant vers la tête.

RESPIRER PROFONDÉMENT

Les animaux et les enfants ont d'instinct un souffle profond et détendu : leur abdomen se gonfle à chaque inspiration et se creuse à chaque expiration. Avec le temps, nous avons toutefois tendance à prendre de mauvaises habitudes et à n'utiliser que la partie supérieure de notre thorax. Pourtant, à tout âge, le bien-être passe par une respiration régulière, profonde et contrôlée.

Le stress est tout particulièrement lié à la respiration superficielle, qui suscite à son tour un surcroît de tension et d'anxiété, d'où la formation d'un cercle vicieux. Si l'on ne remplace pas cette façon de respirer par un souffle profond, faisant appel au diaphragme et aux muscles abdominaux, toute décontraction physique ou mentale devient presque impossible.

LA RESPIRATION ABDOMINALE

La pratique de la respiration abdominale aide à corriger le souffle superficiel en favorisant les mouvements du diaphragme et du ventre. Elle permet aussi aux poumons de s'emplir au maximum de leur capacité et de se vider plus efficacement.

Instructions

Allongez-vous sur le dos en position du cadavre (voir p. 39). Fermez les yeux, puis inspirez lentement et régulièrement par le nez. Sentez votre ventre se gonfler, votre cage thoracique se développer et le haut de votre poitrine s'emplir d'air. Marquez une courte pause avant d'expirer totalement.

Lorsque vous relâchez votre souffle, remarquez l'inversion du mouvement : votre ventre se dégonfle, votre cage thoracique se rétracte et le haut de votre poitrine se creuse à mesure que vous expulsez l'air. Marquez une courte pause avant de prendre une nouvelle inspiration.

Répétez ce cycle avec fluidité et régularité pendant quelques minutes, puis laissez votre souffle revenir à la normale.

Pour prendre l'habitude de respirer lentement et sainement, concentrez-vous plusieurs fois par jour sur votre souffle (ce faisant, vous pouvez vous allonger, vous asseoir, rester debout ou marcher) et respirez consciemment par le ventre pendant une minute ou deux.

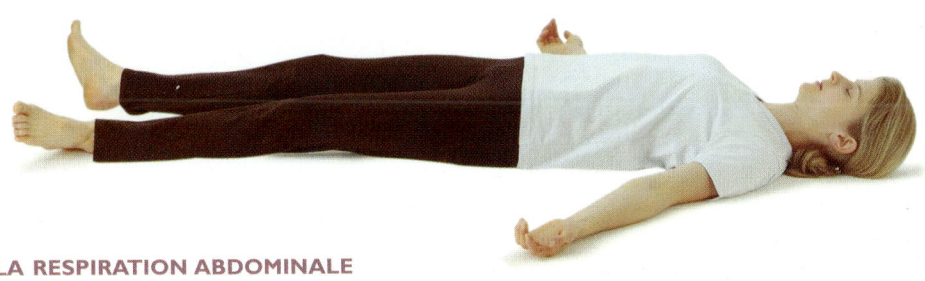

LA RESPIRATION ABDOMINALE

LA RESPIRATION EN SOUFFLET

Également appelée *bhastrika*, cette technique de respiration yogique permet d'apaiser l'esprit avant de méditer. On dit aussi qu'elle purifie le corps, améliore la digestion, aide à éliminer les toxines et fortifie les muscles abdominaux. Par-dessus tout, les yogis voient en elle une façon de susciter des forces spirituelles latentes.

La respiration en soufflet exige que le souffle soit totalement contrôlé par de rapides mouvements des muscles abdominaux ; c'est pourquoi il est conseillé de maîtriser la respiration abdominale (voir page précédente) avant d'y recourir. Mal pratiquée (avec l'estomac et non les muscles abdominaux), elle peut provoquer des vertiges et des nausées. En raison de son intensité et de sa puissance, elle ne convient pas aux malades du cœur, des poumons, des yeux ou des oreilles, aux personnes hypertendues ou hypotendues, ni aux femmes enceintes. En cas de doute, prenez conseil auprès d'un médecin ou d'un maître expérimenté avant de vous lancer.

Mieux vaut pratiquer cette technique l'estomac vide et en milieu aéré. Attendez au moins deux heures après un repas léger, et cinq ou six heures après un repas copieux. À la fin d'une séance, ne mangez pas avant une demi-heure.

Instructions

Asseyez-vous ou agenouillez-vous dans l'une ou l'autre des positions de méditation (voir p. 36), hormis celle du cadavre. La tête et le cou doivent se situer dans l'axe de la base de la colonne vertébrale, et les mains être posées sur les genoux. Commencez à inspirer et à expirer à vive allure par le nez, en contractant fortement les muscles abdominaux et en les décontractant presque aussitôt, de sorte que l'air soit automatiquement propulsé dans les poumons. Respirez ainsi dix fois et augmentez peu à peu le rythme pour parvenir à une vingtaine de fois. À la dernière expiration, contractez tout l'abdomen et videz entièrement les poumons. Prenez une inspiration abdominale lente et profonde, retenez votre souffle tant que vous ne sentez pas de gêne et expirez à fond.

Répétez deux ou trois fois ce cycle de respiration en soufflet en intercalant quelques moments de respiration normale.

Allongez-vous quelques minutes en position du cadavre (voir p. 39) ou asseyez-vous et méditez de façon à laisser votre souffle s'apaiser.

LA RESPIRATION EN SOUFFLET

MÉDITATION SUR UN MANTRA

Pour rester en forme, nous avons besoin de pratiquer des exercices physiques régulièrement. De même, nous devons, pour tirer tous les bénéfices de la méditation, recourir à celle-ci, dans l'idéal, deux fois par jour. Des études récentes ont montré que ceux qui méditent régulièrement évacuent instantanément le stress et font mieux face aux pressions du quotidien que les autres.

La répétition silencieuse d'un mantra est la forme de méditation la plus appréciée. Dans l'Antiquité, les moines utilisaient déjà les mantras pour atteindre un état de transe. Un mantra est un son, une syllabe ou un mot mystiques ou sacrés. Il posséderait un pouvoir spirituel dont l'influence s'exerce sur la conscience de la personne qui le répète.

Om (formé des trois sons a, ou et m) est le plus connu ; c'est, dit-on, le son primordial qui a engendré tout l'univers. Il se transcrit par le symbole ci-contre. D'autres mantras commencent souvent par cette syllabe.
Ainsi, *Om mani padme hum* (*Om*, le joyau dans le lotus) est très prisé des bouddhistes tibétains.

Pour parvenir à un état de relaxation profonde, on peut répéter n'importe quel mot ou son. Choisissez donc celui qui vous plaît (plus il sera court, mieux cela vaudra), un terme, une expression ou une affirmation, voire votre propre nom.

Après avoir découvert le mantra qui vous convient, gardez-le et servez-vous-en à certains moments de la journée pour vous détendre.

COMMENT MÉDITER GRÂCE À UN MANTRA

Dans une pièce ou un endroit paisibles, asseyez-vous en tailleur ou dans une des positions décrites page 36. Fermez les yeux et, en respirant naturellement, répétez en esprit votre mantra au rythme de votre souffle, une ou deux fois à chaque inspiration et une ou deux fois à chaque expiration. Concentrez-vous sur lui jusqu'à vous y absorber. Quels que soient les pensées et les sentiments qui surgissent, contentez-vous de les observer passivement. Laissez-les se présenter sans intervenir et reportez doucement votre attention sur le mantra.

● De tous les mantras, la syllabe sacrée *om* est la plus utilisée et vénérée par tous ceux qui pratiquent la méditation. Sa représentation symbolique, dessinée ici, est souvent utilisée pour la méditation visuelle (voir p. 124).

décompresser

En fin de journée, le corps commence de lui-même à changer de régime. Les niveaux d'énergie baissent et le métabolisme se ralentit.

Le sommeil étant le meilleur moyen d'évacuer le stress, donnez-vous le plus de chances possible de passer une bonne nuit. Évitez les repas copieux et trop arrosés qui pourraient peser sur l'estomac et provoquer des indigestions. Dans la mesure du possible, dînez au moins deux heures avant de vous coucher. Ne pratiquez pas d'activité physique ou intellectuelle juste avant de vous coucher car elles entraînent un état d'excitation et de vigilance, peu propices à l'endormissement.

Si les soucis liés au travail vous empêchent de dormir, dressez la liste de ce que vous aurez à faire le lendemain (voir p. 110) et veillez à prendre le temps de vous détacher des activités de la journée avant de rentrer chez

en douceur

vous. Faites en sorte qu'il y ait une rupture entre votre vie professionnelle et votre vie privée ; les soucis de la première ne doivent pas envahir la seconde.

Préparez-vous au sommeil en consacrant dix minutes à des exercices de relaxation profonde, à prendre un bain chaud, à écouter une musique délassante, à méditer, à lire ou à regrouper plusieurs de ces activités. Si le sommeil vous fuit toujours, suivez les conseils de la page 31.

Après avoir éteint la lumière, fermez les yeux et restez couché sur le dos. Prenez conscience de votre souffle et, sans tenter d'influer sur son rythme, observez-le aller et venir tout en vous laissant glisser vers un sommeil profond et réparateur. Le lendemain, vous vous réveillerez en pleine forme ; une bonne nuit a des répercussions positives sur une journée entière.

SUR LE DOS

Prendre soin de son dos, surveiller sa posture, pratiquer régulièrement des étirements pour entretenir la souplesse de sa colonne vertébrale sont des habitudes à adopter.

La plupart des exercices ont un effet apaisant, mais aussi tonifiant, qui peut nuire au sommeil lorsqu'on les effectue avant le coucher. Les exercices que nous vous proposons vous aideront à décompresser, notamment après un bain chaud, sans affecter la qualité de vos nuits. Effectuez ces mouvements avec lenteur et douceur, comme au ralenti. Respirez régulièrement et en rythme. Faites en sorte que les expirations soient longues et lentes. Prenez le temps de bien les comprendre, une pratique régulière vous permettra de les connaître par cœur et de les exécuter facilement.

ENCHAÎNEMENT POUR LE DOS

Instructions

1 Allongez-vous sur le dos. La tête et les épaules au sol, inspirez et amenez le genou droit à la poitrine en tenant le tibia à deux mains. Expirez et approchez encore plus la jambe. Inspirez puis, en expirant, reposez la jambe droite au sol. Répétez l'opération avec la jambe gauche, puis reprenez l'ensemble des mouvements. En cas de gêne, posez la tête sur un coussin.

2-3 Saisissez vos deux tibias au-dessous des genoux et amenez ceux-ci à la poitrine (voir p. 92). Posez les mains sur eux et poussez-les en avant, puis sur les côtés. Décrivez un cercle en les ramenant vers la poitrine. Faites encore deux cercles, puis trois autres en sens inverse. Pour finir, ramenez les genoux sur la poitrine.

4 En gardant les genoux sur la poitrine, écartez les bras en croix et faites-les reposer à terre, un peu plus bas que les épaules, paumes en l'air. Inspirez puis, en expirant, abaissez les jambes vers l'épaule gauche et essayez de maintenir la droite au sol. Reposez la jambe gauche à terre et relâchez la droite vers elle.

5 Placez un coussin entre les cuisses si les jambes ne se touchent pas. Restez ainsi le temps de deux respirations et relâchez un peu plus en expirant longuement. Inspirez et recentrez les jambes. Répétez l'opération du côté droit.

6 Jambes pliées, pieds au sol et bras en croix comme dans l'exercice précédent, inspirez lentement en levant les bras.

7 Procédez avec lenteur, comme si vous poussiez l'air devant vous. Expirez en abaissant doucement les bras vers la tête, puis vers le sol. Qu'ils soient tendus, mais pas trop. Inspirez et relevez-les.

8 Expirez et remettez les bras en position de départ. Répétez l'opération quatre ou cinq fois.

Si possible, faites suivre cet exercice d'une séance de relaxation en position du cadavre (voir p. 39).

EXERCICES DE DIX MINUTES • 119

LES ÉTIREMENTS DU DOS APPORTENT UN GRAND BIEN-ÊTRE

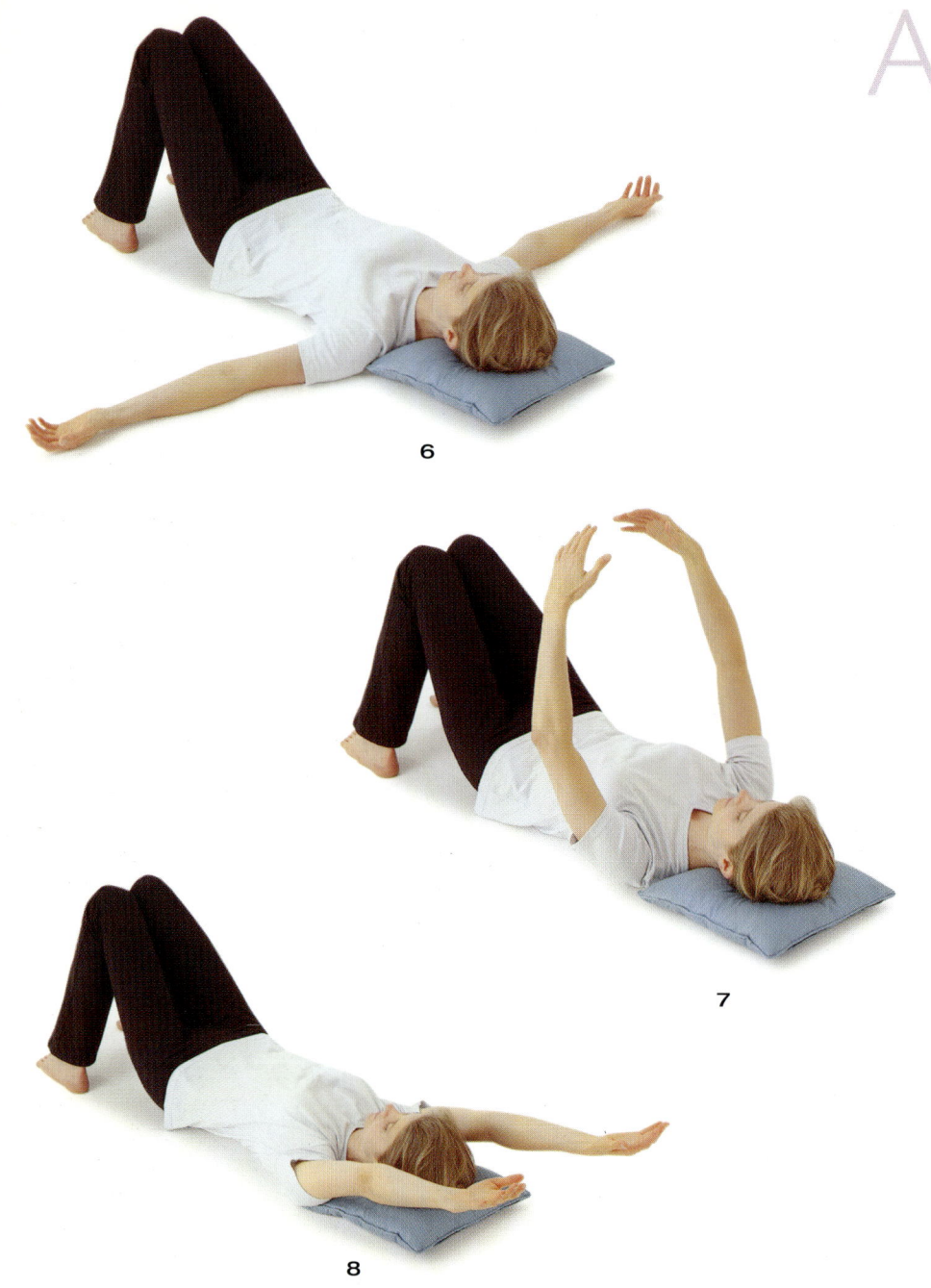

TERMINER LA SÉRIE SUR LE DOS EN METTANT LE COUSSIN SOUS LA TÊTE

RESPIRATION TOTALE

Ce mode de respiration, qui implique un usage total des poumons, ne doit entraîner ni gêne, ni tension. Il s'agit d'une technique yogique proche de la respiration abdominale (voir p. 113). Au lieu de s'allonger sur le dos, on s'assied bien droit, ce qui permet d'inspirer plus d'air et suscite davantage de plénitude.

La respiration totale apaise et équilibre l'esprit tout en tonifiant l'organisme. En outre, elle atténue l'anxiété, allège la dépression, et favorise une pensée claire et positive. Une fois maîtrisée, elle peut se pratiquer en toutes circonstances et elle élimine immédiatement le stress.

> Vous devrez vous entraîner avant de maîtriser parfaitement la respiration profonde.

Instructions

Asseyez-vous ou agenouillez-vous dans l'une ou l'autre des positions de méditation décrites de la page 36 à la page 39. Le dos doit être bien droit, dans l'axe de la base de la colonne vertébrale, de l'arrière du cou et du sommet du crâne. Respirez de bout en bout par le nez. Imaginez que vos poumons comportent trois niveaux (inférieur, médian et supérieur) et que chaque inspiration passe par les phases suivantes :

1 Quand vous prenez une inspiration, le diaphragme exerce une pression sur l'abdomen. Celui-ci doit se projeter vers l'avant à mesure que le niveau inférieur s'emplit d'air.

2 Plus vous inspirez, plus l'air envahit le niveau médian et plus la cage thoracique se gonfle.

3 Lorsque l'inspiration touche à sa fin, le niveau supérieur s'emplit d'air et le haut de la poitrine s'élargit (sans que les épaules se soulèvent).

Même si vous l'imaginez comme un mouvement en trois temps, chaque inspiration doit être égale et continue. Lorsque vous sentez que vos poumons sont pleins, retenez quelques secondes votre souffle, puis expirez sans à-coups. À chaque expiration, l'air quitte d'abord le niveau inférieur, puis le niveau médian et enfin le niveau supérieur des poumons. Si vous n'éprouvez pas de gêne, ne respirez plus pendant quelques secondes, puis recommencez.

Lorsque vous aurez maîtrisé le mouvement, effectuez-le à un rythme régulier. Au début, comptez jusqu'à quatre à chaque inspiration, et adoptez un rapport de 1/1/1 entre inspiration, rétention et expiration. Passez ensuite à un rapport de 1/1/2, de façon à compter jusqu'à quatre à chaque inspiration et à chaque rétention, mais jusqu'à huit à chaque expiration.

Respirez ainsi quatre ou cinq fois (l'exercice prend environ une minute), puis normalement (par le ventre) pendant trente secondes. Enchaînez avec quatre ou cinq respirations plus complètes : en inspirant, imaginez que vous insufflez l'énergie ; en expirant, imaginez que vous expulsez la tension et la fatigue. Faites suivre l'exercice d'une série de respirations nasales alternées et/ou d'une séance de méditation.

RESPIRATION NASALE ALTERNÉE

Après avoir appris la technique de la respiration totale, vous pourrez pratiquer la respiration nasale alternée, dans laquelle on inspire par une narine, on retient son souffle et l'on expire par l'autre narine. Cette nouvelle méthode yogique de contrôle du souffle produit un effet très apaisant. Elle est particulièrement utile aux personnes sujettes à l'insomnie.

BIEN CONTRÔLER SON SOUFFLE

Instructions

Asseyez-vous ou agenouillez-vous dans l'une ou l'autre des positions de méditation décrites de la p. 36 à la p. 39. Le dos doit être bien droit. Mouchez-vous avant d'utiliser vos narines. Respirez avec lenteur et régularité par le ventre, et détendez les muscles faciaux. Le rythme de la respiration est important entre inspiration, rétention et expiration, le rapport est en général de 1/4/2 (comptez jusqu'à quatre, seize et huit). Pour leur éviter toute tension, on conseille aux débutants de s'en tenir à un rapport de 1/2/2, 1/1/2 ou 1/1/1.

1 Selon la tradition, c'est la main droite qui doit ouvrir et fermer les narines. Pliez l'index et le majeur droits, puis levez la main vers le nez. Posez la main gauche, paume en l'air, sur le genou ou la cuisse gauches. Fermez les yeux.

2 Bouchez la narine droite avec le pouce et expirez par la narine gauche jusqu'à ce que vos poumons se soient vidés. La narine droite toujours bouchée, inspirez profondément en comptant jusqu'à quatre et emplissez tour à tour les trois niveaux de vos poumons.

3 La narine droite toujours bouchée, bouchez la narine gauche avec l'annulaire et l'auriculaire, de façon à ne plus pouvoir respirer. Retenez votre souffle en comptant jusqu'à seize.

4 La narine gauche toujours bouchée, levez le pouce et inspirez par la narine droite en comptant jusqu'à huit. Si vous êtes débutant ou si vous ressentez une gêne, comptez jusqu'à quatre et emplissez tour à tour les trois niveaux de vos poumons.

5 La narine gauche toujours bouchée, bouchez la narine droite avec le pouce de façon à ne plus pouvoir respirer. Retenez votre souffle en comptant jusqu'à seize.
Si vous êtes débutant ou si vous ressentez une gêne, comptez jusqu'à huit ou quatre.

6 La narine droite toujours bouchée, levez l'annulaire et l'auriculaire de la narine gauche, puis expirez en comptant jusqu'à huit. Si vous êtes débutant ou si vous ressentez une gêne, comptez jusqu'à quatre.
Le cycle est complet. Commencez par deux ou trois cycles, puis augmentez jusqu'à six, voire plus. En respirant, concentrez-vous sur la région située entre les sourcils.
Enchaînez sur quelques minutes de méditation : prise de conscience du souffle (p. 113), méditation sur un mantra (p. 115) ou méditation visuelle (p. 124).

BOUCHER LA NARINE DROITE AVEC LE POUCE ET EXPIRER PAR LA NARINE GAUCHE

LA NARINE DROITE TOUJOURS BOUCHÉE, BOUCHER LA NARINE GAUCHE AVEC L'ANNULAIRE ET L'AURICULAIRE

LA NARINE GAUCHE TOUJOURS BOUCHÉE, LEVER LE POUCE ET INSPIRER PAR LA NARINE DROITE EN COMPTANT JUSQU'À HUIT

MÉDITATION VISUELLE

Cette technique fait appel à la contemplation d'un objet : une bougie allumée, une fleur, une pierre, un bibelot ou un fruit. Les personnes attirées par le mysticisme ou la spiritualité préféreront un symbole religieux comme la croix chrétienne, le signe du yin et du yang, ou un yantra, l'équivalent visuel du mantra (voir p. 115).

Lorsque vos yeux commencent à se fatiguer, fermez-les et visualisez l'objet choisi. De nombreux pratiquants aiment méditer devant une bougie qui éclaire une pièce sombre. En effet, le regard est naturellement attiré par la clarté de la flamme et il est facile de retenir cette image lorsque l'on clôt les paupières.

COMMENT MÉDITER À L'AIDE D'UNE IMAGE VISUELLE

● Dans une pièce ou un endroit paisibles, asseyez-vous bien droit en tailleur ou dans une des positions décrites p. 36. L'objet choisi sera placé face à vous, au niveau des yeux et à une distance comprise entre 1 m et 1,50 mètre.

● Respirez naturellement et concentrez-vous sur l'objet. Contemplez-le calmement, sans le fixer, en clignant des paupières lorsque le besoin s'en fait sentir. Dès que vos yeux se fatiguent, fermez-les et recréez en esprit l'image de l'objet.

● Si vous vous déconcentrez ou si votre attention faiblit, ramenez-la doucement vers l'objet de la méditation et, si nécessaire, reprenez l'ensemble du processus.

● Ne vous découragez pas si, au début, vous avez des difficultés à maintenir dans votre esprit l'objet de la méditation visuelle. Avec un peu d'entraînement, vous serez capable de conserver son image pendant quelques minutes.

● Le Shri Yantra est un des mandalas les plus connus. Cette représentation yogique du cosmos est souvent utilisée en méditation car elle favorise la concentration du pratiquant.

règles d'or pour rester calme

1. Mangez, parlez et bougez lentement.
2. Mangez et dormez bien.
3. Tenez-vous correctement.
4. Faites régulièrement de l'exercice.
5. Respirez profondément.
6. Vivez l'instant présent.
7. Pensez de façon positive, faites le compte des bonheurs et non des malheurs.
8. Substituez des déclarations positives au discours négatif que vous tenez sur vous-même.
9. Soyez plus affirmatif.
10. Respectez les bonnes manières.
11. Traitez autrui, comme vous-même, avec amour et respect.
12. Parlez avec calme et écoutez plus attentivement.
13. Simplifiez et ralentissez votre rythme de vie.
14. Préservez un équilibre de vie et prenez le temps de vous distraire.
15. Sortez.
16. Acceptez d'être responsable de votre vie, ne reportez pas cette responsabilité sur autrui.
17. Apprenez à reconnaître vos signaux de stress.
18. Gardez le sens de l'humour et riez.
19. Souriez ; si besoin est, faites semblant.
20. Effectuez régulièrement des pauses de dix minutes dans la journée.

INDEX

A
Acupression 86, 91, 99
Adaptation au proche
　et au lointain 66-67
Aérobic 28, 29
Affirmation 41, 111
Alcool 26, 31
Alimentation 25-26, 55
Anxiété, huiles essentielles
　pour l' 104
Apathie, huiles essentielles
　pour l' 104
Aromathérapie 31, 90, 98, 104, 112
Aspersion des yeux 60
Automassage 90
Autosuggestion 41, 65

B
Bain 112
Basilic, huile de 104
Bergamote, huile de 104, 112
Bhastrika, 114
Bilan corporel
　version assise 64-65
　version debout 102-103
Bois de rose, huile de 104
Bois de santal, huile de 104, 112
Bureau, exercices pour le,
　voir « Intoxiqués du travail,
　pour les »

C
Caféine 26, 31
Cage thoracique, développement
　de la 54-55
Camomille, huile de 91, 104, 112
Cardiaque, affection 12
Chaise, repos sur une 96-97
Chaleur, traitement par la 98
Citron, huile de 112
Colonne vertébrale
　exercices à effectuer
　au bureau 70-71
　Voir aussi « Dos »
Combat ou fuite, réaction 13

Coronaire, affection 12
Cou
　exercice à effectuer
　au bureau 72-73
　raideur du 87-91
Coué, méthode 41
Créativité 77

D
Danse 28, 78-79
Décision, prise de 111
Définir, se
　type de personnalité 16-17
　Voir aussi « Bilan corporel »
Déléguer 111
Digestion 77
Dommages consécutifs
　à des tensions répétées 68
Douche 60
Dos
　exercice d'assouplissement du
　56-57
　exercices à effectuer allongé
　sur le 118-120
　exercices à effectuer
　au bureau 72
　exercices pour le 59, 93-99
　mal de 27, 92
　Voir aussi « Colonne
　vertébrale »
Douleurs menstruelles 72

E
Eau
　boire de l' 26
　pièce d' 80
　*Voir a*ussi Hydrothérapie
Effet Mozart 78
Épaules
　assouplissement des 56-57
　exercices à effectuer au bureau
　68-69
　raideur des 87-91
Étirements 28, 29
Eucalyptus, huile d' 98, 104

Exercice, effets bénéfiques
　de l' 28-29
Exercices oculaires 66-67, 85

F
Fatigue oculaire 66-67, 85-86
Feng-shui 81
Fleurs 77
Flexion
　à angle droit 56
　à angle droit avec support
　de tête 88
　des genoux 58-59
　en avant,
　position agenouillée 9
　en avant, jambes croisées
　94-95
　en avant, jambes croisées
　et tête soutenue 87
Flexions pour salle de bain
　assouplissement des épaules
　54-55
　assouplissement du dos 56-57
　développement de la cage
　thoracique 54-55
　flexion à angle droit 56-57
　flexion des genoux 58-59
　jambes levées 60

G
Géranium, huile de 104, 112
Gingembre, huile de 98

H
Hamsa, mantra 47
Huiles essentielles 31, 91, 98, 104, 112
Hydrothérapie 60
Hyperventilation 33

I
Imposition des mains 66-67, 85-86

Insomnie 30, 31, 122
Instrument de musique,
    apprendre à jouer d'un 79
Intoxiqués du travail, pour les
    colonne vertébrale 70-71
    cou 72-73
    dos 72-73
    écrire 81
    épaules 68-69
    thorax 70
Irritabilité, huiles essentielles
    pour l' 104

J
Jambes au mur 88-89
Jardinage 80
Jeux 80
Jogging 76
Journal intime du stress 81

L
Lavande, huile de 91, 98, 104, 112
Limites, fixation de 111
Lion, mimique du 105
Liste
    dresser une 110-111
Lit 31

M
Manger
    comment 25-26, 61, 77
    en excès 25
Marche 29, 76
Marjolaine, huile de 112
Massage du cuir chevelu 90
Maux de tête 87-91
    huiles essentielles pour les 104
Méditation
    attitude de 35
    concentration dans la 35
    durée de la 47
    position agenouillée 38-39
    position, assise sur une chaise 38-39
    position de 34
    position du cadavre 38-39
    position du demi-lotus 36-37
    position du lotus 36-37
    position en tailleur 38-39
    position parfaite 36-37
    respiration dans la 35, 47
    sur un mantra 47, 115
    sur les aliments 77
    visuelle 124
Mélisse, huile de 104
Menthe poivrée, huile de 91, 104
Migraine, huiles essentielles
    pour la 104
Musique 78
    classique 78

N
Nature 76
Néroli, huile de 104, 112
Nettoyage 81
Nutrition 25-26, 61

O
Optimisme 40
Ordinateur, écran d' 66
Ordre, mettre de l' 81

P
Passe-temps 80
Patchouli, huile de 104, 112
Pause au bureau 76
Pensée
    négative 40
    positive 40-41, 111
Perception des événements 15
Personnalité, type de 15-17
Pessimisme 40
Petit déjeuner 61
Plantes, médecine par les 31
Position 27, 64-65, 70, 102
    accroupie 96-97
    agenouillée 38-39
    assise 64-65
    de méditation 34
    du cadavre 38-39
    du demi-lotus 36-37
    du lotus 36
    en tailleur 38-39
    parfaite 36-37
Posture voir aussi Position
Pression des genoux 92-93
    variante dite « de la bascule » 92
Problèmes, résolution de 40

R
Relaxation
    profonde 82-83
    réaction de, voir Méditation
    rapide 106-107
Respiration
    abdominale 113
    conscience de la 33
    dans la méditation 35, 47
    en soufflet 114
    nasale alternée 122-123
    par le diaphragme 113
    profonde 101, 113
    totale 121
Rire 105
Romarin, huile de 98, 104
Rose, huile de 104, 112
Rugir 105

S
Salutations au soleil 48-53
Sauge, huile de 104, 112
Schémas de pensée 40-41
Shopping 76-77
Sieste 31
Sommeil 30-31
    exercices à effectuer avant le 118-120
Sortir 76
Sourire 105
Stress
    chronique 12
    positif 12

réaction de 13-14
signaux de 18-19
Sur-respiration 33
Symptômes du stress 18-19
   comportementaux 19
   émotionnels 18
   mentaux 18
   physiques 19
Système immunitaire 12

T
Tâches prioritaires 110
Temps
   gestion du 110-111
   pour soi 74-75
Tension musculaire 82, 104
Thérapie par l'achat 76-77
Thorax
   exercice à effectuer au bureau 70-71
Tour de l'horloge, exercice oculaire du 66
Travail
   bilan corporel (version assise) 64-65
   fatigue oculaire au 66-67, 85-86
   gestion du temps au 110-111
   pauses au 76
Type A, type B, personnalité de 15-17

V
Valériane 31
Visualisation créative 41

Y
Yeux gonflés 86
Ylang-ylang, huile d 112
Yoga 28, 48-53

REMERCIEMENTS

Je sais gré à Peggy Vance de m'avoir donné l'idée d'écrire ce livre et de m'avoir offert un soutien et des conseils permanents. J'aimerais aussi remercier Steve Guise, mon responsable éditorial, de sa patience, de sa constance et de ses efforts illimités. Tous mes remerciements à Sandi Sharkey pour la beauté et la sérénité de ses poses, ainsi qu'à Paul Bricknell pour le savoir-faire dont il a fait preuve derrière l'objectif.

J'ai une dette toute particulière à l'égard de Jo Robertson, dont j'ai eu la chance d'être l'élève. Ce maître de yoga, qui compte parmi les plus doués de son temps, a conçu la plupart des exercices décrits ici. Je tiens à le remercier pour son enthousiasme, son expérience et, par-dessus tout, sa drôlerie.

Enfin, je redis ici toute mon affection et tous mes remerciements à Nick et Sam pour leur chaleur et leur humour. Ils ont grandement contribué à ma compréhension du stress et de ses modes d'évacuation.